KB095355

다빈치 스쿨: Just do Everything

다빈치 스쿨: Just do Everything

1판 2쇄	2023년 5월 22일
지은이	김재준
펴낸이	김재범
펴낸곳	(주)도서출판 아트라이프(Artlife)
주소	서울시 종로구 청운동 89-5
전화	02-737-3366
ISBN	979-11-958033-4-7
가격	14,000원

목차

시작하는 글

"만약 당신이 창의적인 사람들에게 어떻게 그런 일을 해냈느냐고 묻는다면, 그 사람들은 약간의 죄책감을 느낄 것이다. 왜냐하면 그들은 실제로 한 것이 아니라, 무언가를 보았기 때문이다."

– Steven Paul Jobs –

    말의 근원을 따라 떠나는 여행은 많은 것을 발견하게 해준다. 코로나 바이러스는 무슨 뜻일까? 라틴어로 코로나는 '왕관' 또는 '화환', 비루스는 '독/위험'이라는 뜻과 2차적으로 '유동성fluidity'이라는 의미까지 포함된다. 고체 상태는 위험하지 않지만 액체화되어 움직이는 것은 언제나 위협이 된다. 경계를 넘어 동물에서 인간으로 전염이 된 코로나 바이러스는 기체화되어 인류에게 팬데믹(pandemic)한 위험이 되고 있다.

    역사적으로 이런 위기의 시대를 지날 때 보이는 가장 큰 특징은 어제의 권력자가 왕관을 뺏기고 사라진다는 것이다. 언론, 법조, 교회, 대학 그리고 모든 전문가들의 권력이 붕괴하고 있다. 서열 중심의 한국사회는 뿌리부터 흔들릴 수 있으며, 따라서 구구단처럼 암기되고 있는 기존의 대학 랭킹은 당연히 무의미해 질 수 밖에 없다. 왜 이런 예측을 하는가?

지난 100년간 인류사회는 전문가(스페셜리스트)에 의존해 왔다. 세계 경제는 자동화의 길을 걸어왔고, 인간의 육체노동과 단순노동을 기계가 대체하게 되었으며, 이런 흐름의 종착역은 인간의 정신노동마저도 자동화하는 AI 로봇 왓슨 같은 '인공지능'의 출현이다.

앞으로 어떤 전공이 유망하냐는 질문을 받을 때마다 나는 미래 세계에서 전공은 무의미하다고 말한다. 이제 대학에서 배워야하는 것은 특정 전공의 전문 지식이 아니라 새로운 분야의 지식을 빠르게 습득할 수 있는 학습능력이다. 그래서 더 심화된 교양교육이 중요하다. 또한 자신의 능력과 상황을 객관적으로 파악할 수 있는 메타인지가 아주 중요하다.

21세기 한국 사회는 '창의성'이라는 말에 사로잡혀 있다. 거의 강박증에 가까울 지경이다. '창조', '창의' 라는 단어를 덧붙인 수많은 신조어들이 만들어지고 있다. 그러나 역설적이게도 그 많은 창의성 논의에도 불구하고, 한국 사회는 여전히 창의성 결핍증에 허덕이고 있는 것처럼 보인다. 그 많던 우수한 한국 학생들은 모두 어디에 갔을까? 여러 이유가 있겠지만, '창의성'이라는 개념이 단지 우리의 머리 속에만, 생각 속에만 존재했기 때문은 아닐까? 혹시, 충분히 행동하지 않았거나 다르게 행동하지 않았기 때문은 아닐까? 찢긴 몸과 충혈된 눈으로 돌아오게 되더라도, 더 깊은 곳까지 잠수해 볼 용기가 없었던 것은 아닐까?

하나의 개념은 어떤 과정을 거쳐 심화되며 마침내 구체성을 가진 형식이 될 수 있는가? 건축가 루이스 칸이 'Room의 의미에 관한 연구'에서 보여준 공간이 하나의 건축물이 되어가는 과정에서 힌트를 얻을 수 있다. 나는 20년전 〈언어사중주〉라는 책에서, 언어를 통해 사고할 수밖에 없는 인간의 생각이 전개되는 데, 가장 중요한 것은 언어 감각이라고 말했다. 무언가를 읽는다는 것은 책의 문장만을 의미하는 것이 아니다. 세상이 던지는 수많은 반짝이는 기호들을 읽어내는 것이다. 그 기호들을 포착하는(읽는) 감각을 익히려면, 우리는 호기심에 가득 찬 눈으로 세상을 바라보며 끊임없이 질문해야 한다. 그리고 그 질문은 표현되어야 한다. 표현한다는 것은 무엇인가? 그것은 보이지 않는 것을 보이게 만드는 것,

즉, '창조'라고 할 수 있다.

창의성은 '나만의 생각', 즉, 나를 표현하는 하나의 생각이다. 그런데 그 '나만의 생각'이 과연 있는가? 나만의 생각이라고 할 만한 것이 거의 없다는 이 깊은 절망감에서부터 창의성은 시작된다. 나의 머리속에 가득 찬 생각을 깨끗이 청소해보면 나만의 생각이 만들어질까? 불가능하다. 그렇다면 내가 할 수 있는 것은, 나의 머리 속을 인류 역사의 현명한 사람들의 생각으로, 고전의 언어로 바꿀 수 있다. 고전의 어휘, 표현과 함께 그 사고 방식, 논리의 전개 방식을 배워야 한다.

최고의 창의력을 발휘할 수 있는 방법은 무엇일까? 우리는 '더 높게' 시도해야 하고, '더 넓게' 배워야 한다. 더 높이 시도한다는 것은 무엇인가? 인류 역사에서 가장 창의적인 운동 선수 딕 포스베리(Dick Fosbury)에게서 그 통찰을 얻을

1968. 10. 20

수 있다. 그는 자신의 신체의 한계를 극복하기 위해 완전히
새로운 점프 스타일인 Fosbury flop을 시도하여 최고의 전설
이 되었다. 지금까지 없었던 새로운 형식을 창조해야 한다.
더 이상 남의 뒤를 따라가지 말고. 더 넓게 배운다는 것은 나
의 호기심의 영역을 무한히 계속 확장시켜 나간다는 것이다.
나의 전공에 머무르지 말고 전혀 다른 전공 과목들을 배워가
는 것이 우리 시대의 새로운 교양이 될 수 있다.

지난 25년간 읽은 텍스트 중에서 가장 감명을 주었고 아직
도 마음 속에 울림을 주는 문장을 소개하고 싶다.

*Nature does not choose, it simply unravels its laws, and
everything is designed by the circumstantial interplay where
man chooses.*

자연은 선택하지 않고 그저 그 법칙을 드러낼 뿐이며 모든 것은
상황이 만들어 내는 상호작용에 의해 디자인된다. 여기에서 인간
은 선택을 한다.

<u>Art involves choice,</u>

예술이란 선택을 끌어들일 수밖에 없고

and everything that man does, he does in art.

사람이 하는 모든 것들을 사람은 예술 속에서 한다.

In everything that nature makes, 자연이 만드는 모든 것 안에 *nature records how it was made.* 자연은 그것이 어떻게 만들어졌는지를 기록한다.

In the rock is a record of the rock. 바위에는 바위의 기록이 있고 *In man is a record of how he was made.*

인간 안에는 그가 어떻게 만들어졌는지에 대한 기록이 있다.

When we are conscious of this, 우리가 이것을 의식할 때 우리는 *we have a sense of the laws of the universe.* 우주의 법칙에 대한 감각을 가지게 된다.

Some can reconstruct the laws of the universe from just knowing a blade of grass. Others have to learn many, many, things before they can sense what is necessary to discover that order which is the universe.

어떤 사람은 단지 풀잎 하나를 아는 것만으로도 우주의 법칙을 재구성할 수 있다. 그러나 다른 사람들은 많은 것을, 아주 많은 것을 배워야만 한다. 그런 이후에야 우주라는 질서를 발견하기에 무엇이 필요한지를 알 수 있다. *(이 문장이 주는 감동)*

The inspiration to learn comes from the way we live.

배우고자 하는 영감은 우리가 살아가는 방식에서 나온다.

Through our conscious being 의식적인 존재로서

we sense the role of nature that made us. 우리는 우리를 만든 자연의 역할을 감지한다.

Our institutions of learning stem from the inspiration to learn,

which is a sense of how we were made.

우리 배움의 제도institution들은 배우고자 하는 영감에서 비롯되며, 그 영감은 우리가 어떻게 만들어졌는지에 대한 감각이다.

But <u>the institutions of learning</u>

<u>primarily have to do with expressing.</u>

Even the inspirations of learning

primarily have to do with expressing.

Even the inspiration to live

serves to learn to express.

하지만 배움의 제도들은 주로 표현하기와 상관이 있다.

배움의 영감마저도 주로 표현하기와 연관된다.

우리가 인생을 사는 영감마저도 표현하기를 배우는 것에 이바지

한다. - Louis Kahn

　루이스 칸의 말처럼, 우리는 더 높게, 더 넓게 다시 배워, 더 잘 표현하는 존재가 되어야 할지도 모른다. 누구나 보고 느낀 것을 제대로 표현할 수 있도록 도와야 한다. 대학이 존재하는 진정한 이유를 바로 여기에서 찾아볼 수 있다.

"모든 사람이 위대한 예술가가 될 수 있는 것은 아니다.
그러나 위대한 예술가는 어디에서든지 나올 수 있다."
(영화 〈Ratatouille〉중에서)

　최근 한국의 대학 교육은 소멸 위기에 봉착했다고 한다. 인공지능의 발달과 제4차 산업혁명의 도래가 대학교육의 근본적인 변화와 혁신을 요구하고 있기 때문이다. 학령 인구 감소로 인한 대학 정원의 축소와 COVID-19 사태로 촉발된 비대면 교육의 실험으로 대면교육의 차별화와 혁신이 필요하게 된 것이다. 그러나 대학의 진정한 위기는 이러한 상황의 도전에 대한 응답이 아니라, '대학은 무엇인가?' 라는 대학의 본질 그 자체에 대한 질문에 있다.

　최근 기계학습과 인공지능은 다양한 분야와 접목되고 급속히 발전하면서 대학이 일정 부분 담당했던 실용 학문의 의미를 퇴색시키며 그 역할을 대체해 가고 있다. 기존 수요에 따른 공급 방식의 교육은 이미 한계에 도달한 것이다. 대학의 새로운 교육가치관을 정립하고 혁신적인 교육제도의 도입을 통한 쇄신이 절실한 시점이다. 머뭇거릴 시간이 없다. 우리는 지금까지와는 전혀 다른 방법으로, 위험하면서도 안전한 모험을 감행해야 한다.

다빈치 스쿨, 슈퍼 제너럴리스트의 탄생

"최악의 과학자는 예술가가 아닌 과학자이며, 최악의 예술가는 과학자가 아닌 예술가이다." – Armand Trousseau –

스페셜리스트, 이른바 전문가의 시대가 저물고 있다. 인간의 거의 모든 언어모델을 학습한 언어의 바벨탑 인공지능이 인간의 두뇌를 빠르게 대체하고 있기 때문이다. 전문가 집단인 회계학, 재무전공자와 법률가들의 취업을 위협하고 있으며, 이미 AI 변호사 왓슨(Watson)이 100명의 신참변호사를 대체하기 시작했다.

이제 전혀 다른 새로운 천재의 시대가 열리고 있다. 이 새로운 유형의 천재는 당신도 될 수 있다. 실리콘밸리에서 성공하려면 상위 0.1%의 능력치가 있어야 된다고 말한다. 이것은 쉽지 않다. 상위 0.1%의 인재가 되려고 하지 말자. 오직 상위 0.01%만이 성공할 수 있는 시대가 올 수도 있기 때문이다. 물론 그럴 수도 있지만, 왜 다른 곳으로 눈을 돌리지 못하는가? 상위 0.1%의 재능이 아니라, 상위 25%의 능력을 3개의 분야에서만 가져도 탁월한 업적을 낼 수 있다.

최선을 다해 열심히 하지만 성적이 나쁜 아이, 머리는 나빠도 체력과 감성이 좋은 아이가 천재가 될 수 있는 세상이 온다. 미래의 스티브 잡스를 기르기 위해 교육 방향이 바뀌어야 한다. 그것은 현재의 교양교육을 혁신시키는 것이다. 자신의 영역 밖에서는 소통할 수 없는 닫힌 전문가를 양성하는 현재의 교양교육은 더 이상 의미가 없다.

이제 우리의 학교를 완전히 바꾸자고 제안한다. 일명, **다빈치 스쿨**

다빈치 스쿨의 핵심은 순수한 교양인을 양성하는 것이 아니다. 오히려 학습능력의 극대화를 통해 진정한 실용정신을 구현시키자는 것. 공부법과 신체 훈련, 감정 조절과 문제 해결능력까지 거의 모든 영역을 배워 최고의 에너지 레벨과 예리한 감수성을 가진 창의적인 '멀티 플레이어 인재'로 거듭나게 한다. 모든 학생들이 수학자이자 화가로, 과학자이자 음악가로, 댄서이자 건축가로서 사고하도록 돕는 것이 이 학교의 목표다.

대학교 캠퍼스의 높은 건물에 인공암벽을, 산악마라톤 코스를 만들어 보자. 거의 모든 영역의 예술을 체험하게 하자. 세상에서 가장 어려운 초급학교 과정을 만들어보자. 라틴어에서 한문까지 동서양의 언어를 배우고 고전을 탐독하자. 언어와 이미지를 자유자재로 다룰 수 있도록 하자. 6개 국어를 1학기에 배우고 이를 타이포그라피에 응용하기. 자율주행 공부하는 학생들에게 자동차 주식을 사게 만들자. 단, 하루에 2번만 주가를 확인하도록 하자. 도서관에 러닝머신을 가져다 놓자. 이런 상상의 리스트는 끝이 없다.

학교를 거대한 배움의 장으로 만들자! 지식을 학습하는 곳이 아니라, 마음껏 표현할 수 있는 장이 되도록 하자!

책과 언어

책을 읽고 쓰고 만들고 하는 것에 대한 나의 관심은 결국 인간의 언어에 대한 호기심과 애정이다.

언어는 모국어, 외국어, 숫자, 기호언어를 넘어서 시각언어, 신체언어로 확장할 수 있다. 현대예술은 모두 언어적 감각에 의해 탄생한다. 모든 사람은 예술가이다. 또한 예술가일 필요도 없다.

내가 쓴 글을 다른 사람이 인용한 것을, 다시 인용한다는 것은 재미있는 일이다.

아침편지(고도원) 11월 22일 아침편지 2022. 11. 22.

"꽉 찬 인생"

"세상에서 제일 어려운 것이 뭔가를 끝까지 하는 것이 아닐까 하는데, 중간에 포기하는 경우가 많잖아요."

"끝까지 한다는 것은 무척 어렵습니다."

"요즘 사람들은 이런 것의 중요성을 잘 모르고 살죠."

"Live a full life(꽉 찬 인생을 살아라)

내가 좋아하는 말입니다.

사람들은 대부분 그저 그렇게 살아가죠.

하지만 최선을 다해서, 꽉 찬 인생을 살려는 의지가 있어야

합니다"

- 김재준의《화가처럼 생각하기1》중에서 -

늘 빡빡한 일정으로 정신 없이 바쁜 것이 꽉 찬 인생이 아닙니다. 자기 일에 몰두하여 초지일관하되, 지치지 않도록 쉴 때 쉬고, 사랑하고 사랑 받고, 도움 받고 도움 주고, 시간을 나누고 마음을 나누면서 맛있게 멋있게 사는 인생, 그렇게 하루 하루가 에너지에 넘치는 삶이 꽉 찬 인생입니다.

국민일보, [책과 사람] '화가처럼 생각하기' 낸 김재준 국민대 교수 (국제통상)

체험미술 프로그램인 강사로 학생들을 가르쳐본 경험을 담은 이 책은 창의력을 키울 수 있는 독창적인 방법을 제시한다. 화가처럼 생각하는 법을 훈련하면 창의력을 증진시킬 수 있다는 것이다. 경제학자이자 미술가인 저자는 화가처럼

"아이디어를 표현할 자신만의 조형언어를 찾아본 경험, 즉, 능동적인 생산자가 되어 본 경험"이 창의력의 핵심이라고 말한다.

[CREATIVE #1] 무한대급 창의력, 김재준 교수

2009.03.12 출처 : 다른생각 다른미래 20호

자신에게 던지는 끊임없는 물음표

인간이 가질 수 있는 거의 무한대급의 창의력을 장착한 국민대학교 김재준 교수가 제안하는 창의적으로 사고하는 법의 첫 단계.

"자신의 머릿속을 가만히 들여다보세요. 생각, 느낌, 지식… 등 진정으로 내 것이라 할 수 있는 것이 있는지 통찰하고 내 것이 없다면 그것을 뼈저리게 깨닫는 것이 창의력의 시작입니다."

가장 비실용적인 듯 보이지만 사실은 가장 실용적인 공부에 대한 칼럼도 소개한다.

〈가장 실용적인 공부〉 주간동아 칼럼, 2004년 447 호

얼마 전 필자는 한 대형서점에서 '10대의 책 읽기' 라는 주제로 강연한 적이 있다. 최근 펴낸 책 '언어사중주'가 베스트셀러로 떠오르면서 초청받은 것이다. '언어사중주'는 소크라테스식 대화법으로 대학 교양과목 수준의 내용을 고등학생에게 설명하는 책이다. 수능만 생각해서는, 수능도 잘 볼 수 없다는 게 그 책의 메시지다. 우리는 남보다 잘 해야겠다는 승부욕이 매우 강한 사회에서 살고 있다. 그러나 단기간의 승부에 집착해 기본적인 사항을 무시한 결과 장기적인 경쟁력이 약해지고 있다.

　지금의 고등학교 교육도 그렇다. 지나친 경쟁을 막고 창의력을 키운다는 생각은 좋지만, 결과가 바람직하지 않은 방향으로 나타나고 있다. 당장 성과를 내기 위해 대학입시제도 등을 급격히 바꾼 후 평균적인 기본 학력은 그런대로 유지되는 것 같지만, 우수한 학생들에게 학교는 충분한 지적 자극이 되지 못하는 곳이 되었기 때문이다. 영재들의 창의력이 실종된 것이다. 10년, 20년 뒤 바뀐 세상에서도 실력의 바탕은 '말과 글' 프랑스나 미국의 고등학교에서는 영재들에게 대학 수준의 수업을 가르친다. 그런데 대학 본고사가 폐지된 이후 대학으로부터 학생 선발권을 박탈하고 학생들로부터는 다양하고 수준 높은 내용을 배울 기회를 빼앗아간 측면이 있다. '다 같이 어려운 것은 배우지 말자'라는, 눈에 보이지 않는 담합이 생긴 것이다. 우리나라와 친선경기를 한 터키 축구 국가대표팀 감독이 "한국 선수들의 플레이에는 창의성이 없다"라는 말을 할 정도로, 창의성의 위기는 우리 사회 모든 분야에서 나타나는 현상이라고 할 수 있겠다. 이런 환경에서 창조적인 영재를, 미래의 노벨상 수상자를 기대하기는 어렵다.

그러면 어떻게 하라는 말인가. 창의성을 높이기 위해 새로운 위원회를 교육부 산하에 신설하고 많은 예산을 배정하면 문제가 해결될까. 교육부가 과연 이 문제를 해결할 수 있을까. 교육부가 개입하면 오히려 새로운 문제를 일으킬 확률이 더 크다. 사회 전체적인 분위기가 바뀌지 않는다면 이 문제는 해결되지 않는다.

한 예로, 우리나라 도서관에는 책이 없다. '완전 정리 헌법', '토익 900 돌파' 같은 책 몇 권만 각자 들고 가면 된다. 책상과 의자만 있어도 좋을 것 같다는 생각이 든다. 냉방만 잘 되면 더 이상 바랄 것이 없다. 왜 사람들은 다양한 책을 읽지 않을까? 우리 사회는 항상 어떤 목적만을 위해 공부하고, 책을 읽게 하기 때문이다. 그 밖의 독서는 '딴 짓 하는 것'으로 취급받는다. 서점에서도 최근 가장 눈에 띄는 경향은 실용서적의 범람이다. 어떻게 하면 공부를 잘할까, 영어를 잘할까, 돈을 잘 벌까, 건강해질까, 행복해질까…그러나 이런 책을 읽고 영어를 잘하게 되어 성공했다는 사람은 사실상 거의 없다. 왜냐하면 그 비법은 그 사람에게만 적용되는 경험인 경우가 대부분이기 때문이다. 그래도 이런 책이 잘 팔린다. 이처럼 실용적인 것만을 강조하는 세태 속에서 나는 가끔 학생들과 정말 실용적인 것은 어떤 것일까에 대해 이야기를 나누곤 한다.

"우리 한번 생각해보자. 지금 실용적인 것이 20년 뒤에도 실용적일까. 지금 전망 좋은 학과가 10년 뒤에도 과연 그럴까. 1970년대에는 화공과의 입학 성적이 의예과와 비슷했다고 하지. 그러나 지금 우수한 수험생들은 전국의 모든 의과대학을 채우고 난 뒤에야 서울대 공대를 생각해보는 게 현실이잖아. 오늘 전망 좋아 보이는 전공이 10년 뒤에는 학생이 없어 고생하기도 할 거야." "그럼 어느 과를 가야 전망이 좋지요?" "그런 거 신경 쓰지 말고 정말 나의 인생에서 중요한 공부를 하는 것이 중요하지. 가장 중요한 것은 자기 힘으로 생각하는 법을 배우는 것, 그리고 자기 생각을 논리적인 말과 글로 풀어내 상대방을 설득할 수 있는 것이야. 대학 전공이라는 것도 알고 보면 전문적인 내용을 그 분야의 기술적인 언어로 사고하고 표현하는 법을 배우는 것이거든. 전공이 사회학이든 역사학이든 경영학이든 똑같아. 10년, 20년이 흐른 뒤 세상은 어떻게 바뀔지 모르지만, 어느 상황에서도 적응을 할 수 있는 기본적인 실력은 바로 '말과 글'이야. 그것을 익히는 것이 길게 보아 가장 실용적인 공부라고 할 수 있지."

그래서 선진국의 대학에서는 과학기술과 인문학을 대학교육의 양대 축으로 삼는다. 언어는 수단이 아니라 목적이며, 언어를 공부하고 창의력을 키우는 것이야말로 장기적으로 볼 때 가장 실용적인 일이다.

아래 인터뷰에서 기자는 국내외에서 그 실력을 인정받은 학생들의 공부법을 취재해보면 "어려서부터 책을 많이 읽었다"는 이야기가 빠지지 않고 나온다고 했다. 많은 학생들이 어려서부터 '글공부'에 관심이 많았다. 이들의 부모는 하나같이 '분야를 가리지 않은 다독'이 아이들을 영재로 키웠다고 자부한다.

〈여성동아〉 국민대 김재준 교수의 '창의적인 영재 교육법'

글·구미화기자·진재만기자2004.10.06

경제학 교수이자 개인전을 4차례나 연 미술 애호가인 김재준 교수가 언어감각의 중요성을 강조하는 '언어사중주'라는 책을 펴냈다. 저자는 "언어감각을 키우면 수학, 과학도 잘할 수 있다"고 말한다. 수학에서 요구하는 논리적 사고능력도 결국 생각의 수단인 언어를 사용할 수 밖에 없기 때문이라고 한다.

광범위한 독서와 더불어 문화 예술의 중요성도 강조한다. 문화예술에 대한 이해가 수학, 과학의 학문적 성과와 연결되는 것은, 인간이 사고할 때 도구로 삼는 것이 언어와 이미지이기 때문. 음악, 미술 등 다양한 이미지 경험을 통해 이미지에 대한 감각을 높이고, 스스로 이미지를 생성하는 능력을 길러야 하는 이유이다.

"책 속으로 들어가 思考·어휘력을 캐내라"

출판평론가 표정훈씨와 '10대의 책읽기' 독서 대담에서 나는 다음과 같은 말을 남겼다. 몇 가지 추려본다.

"풍부한 독서를 바탕으로 언어감각을 키우면 수학 과학도 잘할 수 있다. 국어와 영어는 당연히 언어 영역이지만 수학에서 배우는 논리적 사고능력도 결국 생각의 수단은 언어라는 점에서 언어의 학문이다. 공부의 기초는 언어감각이다. 언어감각을 키우려면 책을 읽어야 한다."

"이러한 언어감각은 독서를 통해서 키울 수 있다. 책을 읽는 것은 지식을 얻기 위한 행동인 동시에 그 책에 쓰인 표현이라든가 사고의 흐름 등을 함께 경험하고 익히는 행위이다. 지식은 교과서와 참고서로 얻을 수 있지만 언어감각은 광범위한 독서가 아니면 불가능하다. 우리 학부모들은 독서를 공부의 적으로까지 생각하는데, 요즘 수능시험 문제를 보면 독서의 바탕 없이는 풀 수 없는 문제가 많다. 사람들은 책을 지식 습득의 수단으로만 생각합니다. 그런데 독서는 그 책에 쓰인 표현이라든가 생각의 흐름 등을 함께 익히는 행위이기도 합니다. 저는 교과서와 참고서에서 얻는 지식을, '소고기와 닭고기의 맛의 차이를 모른 채 단백질만 섭취하는 것에 비유합니다."

"부모가 하는 한마디 한마디가 다 아이들에게 영향을 준다. 부모의 말이 아이의 언어감각을 형성하기 때문이다. 교양 있고 지적인 대화를 하는 부모 밑에서 자란 아이들은 언어능력도 훌륭해진다. 아이에게 책을 읽히려면 부모가 먼저 읽고 그 내용을 어느 정도는 알아야 한다. 그래야 서로 대화라도 할 것 아닌가."

"대학생들을 보면 스스로 생각하는 힘이 없으면서도 공부 잘한다고 착각하는 학생들이 많다. 광범위한 독서보다는 좁은 범위의 과정만 잘해서 대학에 갔기 때문에 학생들의 기본이 약하다. 고등학교까지 시험은 주어진 질문에 답만 잘하면 된다. 그런데 대학원에 가면 답보다 질문이 더 중요해진다. 주어진 질문에 답하는 것이 아니라 문제의식을 갖고 스스로 질문해야 한다. 공부의 목적은 문제의식을 가진 창조적 인간을 만드는 데 있지만 선행학습은 생각없이 공부하는 기계를 만들 뿐이다."

"우리는 대학에서 책을 많이 읽지 않는다. 교과서가 있기 때문이다. 유학시절 보니 한 과목당 수십 권씩 책을 읽게 하더라. 그것이 쌓여 큰 차이를 만드는 것이다. 나는 초등학교 때 60명 가운데 30등쯤 하는 보통학생이었다. 그런데 내가 남들과 다른 점은 책을 많이 읽었다는 것이다. 위인전, 동화, 역사책을 밤새 읽고 늦잠 자다 지각하기도 했다. 조선시대에 무슨 사건이 있었다는 것을 남보다 미리 배우는 것이 뭐가 중요한가. 그 지식을 얻는 전 과정에서 책을 통해 언어적 감수성을 키우는 것이 진짜 중요한 것이다.

"**모든 책이 평등하지는 않다.** 자세히 여러 번 읽을 책이 있고, 1시간 안에 읽고 던져버릴 책도 있다. 모든 책을 똑같은 열성으로 읽는 것은 낭비이다. 축구 90분을 내내 죽도록 뛰면 어떻게 되겠는가? 본프레레 국가대표 축구팀 감독이 "생각하고 뛰어라. 생각하지 않으면 몸이 고달프다"고 했는데 독서에서도 적용되는 말이다. "열심히 할 필요가 있을까? 열심히 하면 어떤 결과가 있을까"를 생각해야 한다. 나는 이를 '**몰입하기와 거리두기의 병행**'이라고 말하겠다.

"공부 잘하는 것도 습관이다. 한번 잘하기 시작하면 자신감을 갖게 된다. 처음에는 모든 과목 잘하려 하지 말고, 한 과목만 집중하는 것도 좋다. 그래서 그 과목의 성적이 올라가면 "나도 열심히 하면 잘할 수 있다"는 자신감을 얻게 되고 점차 나머지 과목도 잘할 수 있게 된다.

"나는 수업 중에 학생들이 질문을 안 하면 출석부에서 이름을 찾아 강제로 질문을 시킨다. 스스로 창의력을 발휘하지 못하면 이를 유발하기 위해 부모의 통제가 필요할 때도 있다. **창의성을 풀어놓기와 혼돈하지 말라.**"

"한국에서는 대부분의 학생과 학부모가 고통을 받으며 공부에 떠밀려간다. 현실이 그렇다면 관점을 바꿔보라. 허덕허덕하는 마음으로 경쟁에 마지못해 끼어든다고 생각하기보다 공부를 적극적으로 즐겨보면 어떨까."

"부모가 지식인이 아니어도 부모보다 뛰어나게 성장하는 아이들도 많다. **부모가 지적이지 못해도 지적인 것을 존중할 줄 안다면 자식들도 훌륭하게 클 것이다.**"

다음은 책읽기에 이어 어떤 글이 좋은 글인가에 대한 나의 답변이다.

"매끄럽게 쓰기만 한 글을 잘 쓴 글이 아니다. 얼마나 창의적이고 새로운 생각을 담았느냐가 중요하다."

인문학공동체에서 서양 고전 읽기 프로그램도 진행하였다.

[강좌] 시인이여, 그림을 그리라.. 화가여, 글을 쓰라.. 철학자여, 춤을 추라...

젊은 예술가를 위한 알레프 제로 프로그램을 시작합니다

예술가가 되고 싶어 하는 젊은이들이 많이 있습니다. 신춘문예 준비생과 영화판의 무보수 봉사자, 공모전 입상을 위해 몇 년째 노력하는 미술학도에 이르기까지 아직 예술가라고 부를 수 없는 수많은 젊은이들이 '미생' 세대의 중요한 일부를 이루고 있습니다. 이들을 보며 생각했습니다. 소설가가 되기 위해 문예창작과를 갈 필요가 있을까? 미술을 하기 위해 미술대학을 가는 이유가 무엇일까? 오히려 진정한 의미의 예술가가 되는 것을 방해하는 것이 아닐까? 물론 예술대학들은 지금까지 큰 역할을 하였습니다. 예술가를 위한, 수많은 강좌들이 무의미한 건 아닙니다. 문제는 받아들이는 예술가 지망생들에게도 있습니다. 선생님들은 흔히 말합니다. "너의 작품에는 깊이가 없어…"

이 때문일까요? 이들은 작품의 깊이를 위해 분투합니다. 작가가 되려는 사람이 소설이나 그림을 공부하는 것에 더해 난해한 이론서를 파고들기도 합니다. 어쩌면 오늘날의 이른바 인문학 열풍의 근원도 여기에 맞닿아 있는지도 모릅니다. 대학은 물론이고, 대학 밖 인문학 공동체에서 철학을 공부하는 적잖은 사람들이 여러 장르의 예술가(지망생)이니까요.

그런데, 많은 철학책들은 어렵기 그지없습니다. 특히 번역된 책들은 난삽한 개념과 번역 오류 등이 더해 암호문을 해독하는 것 못지 않습니다. 이런 난해한 책을 이해 못하는 스스로를 자책하며 오로지 인내심 하나로, 어려운 철학책들을 독파해 나가는 것이 오늘날 인문학을 공부하는 이들의 현주소입니다. 자신도 모르고, 다른 사람은 더더욱 독해가 불가능한 문자들을 나열하며 글이라고 써대는 풍조도 이들이 공부를 제대로 하지 못한 탓이 아닐까요?

한국 사회에서 가장 무서운 고정관념은, 한 미술평론가가 유행시킨 "아는 만큼 보인다."는 말입니다. "아는 만큼 보지 못한다."는 말로 돌려주고 싶습니다. 중요한 것은 지식이 아니라 지적인 감수성과 상상력입니다. 이를테면 소설가가 되기 위해 문예 창작과에서 수많은 소설을 읽거나 난해한 이론을 공부하기보다 중요한 건 삶의 절절한 고통을 체험하고 이를 다른 사람에게 말하고 싶은 참을 수 없는 욕구입니다. 영화 편집을 위해 캐나다에 갔다가 첫 6개월 간 영화는 하나도 배우지 않았다는 청년의 말도 생각납니다. 선생님과 이런 문답을 주고받았다고 하더군요. 피아노를 칠 줄 아느냐, 모른다, 그럼 피아노부터 배워라. 음악의 흐름을 모르는 사람이 어떻게 영화의 흐름을 알고, 영화 편집을 하겠는가….

　그렇다면 (지적인) 감수성을 기르고 상상의 폭을 넓히는 방법은 무엇인가? 이런 생각을 합니다. 지적 감수성은 지식과 상관관계가 있으나 절대적인 것은 아니라고. 지식은 아무리 많아도 부족한 것이고, 채울 수 없는 갈증 같은 욕망이기도 합니다. 보르헤스 소설에 우주의 모든 이미지가 다 들어 있는 빛나는 형상의 물체인 알레프가 나옵니다. 크기는 불과 2~3센티미터 이지만 그야말로 하나이면서 모든 것인 존재 one=all.(알레프 수는 무한집합의 크기를 순서대로 배열한 기수로, 흔히 무한을 나타내는 기호인 ∞와는 다른 것인데 히브리 문자 알레프(ℵ)를 사용하며 <u>가장 작은 집합을 알레프-0으로 나타내고,</u> 그 다음으로 큰 집합의 크기를 알레프1, 알레프2, ℵ1, ℵ2와 같이 붙인다. 이러한 개념은 게오르크 칸토어가 처음으로 생각해 냈으며, 칸토어는 무한집합들 사이에도 서로 크기가 다를 수 있다는 것을 밝혀냈다.)

　〈젊은 예술가를 위한 알레프 제로〉 프로그램. 인문학 공부를 위해 알아야 하는 그 모든 것의 일부, 반드시 읽어야 할 최소한의 책을 최단기간에 읽어보자. 하나이면서 모든 것인 알레프 제로를 읽으며 전혀 엉뚱스러운 발상과 방법으로 내 것, 내 작품을 만들어 보자. 예술과 학문의 세계에서 이 최소한의 책으로 문학, 특히 고전 문학을 든다. 알고 보면 수많은 철학서도 철학 이전에 하나의 텍스트이고, 넓은 의미의 문학이라고도 볼 수 있다. 요컨대 문학부터 읽자. 호메르스의 일리아스를 읽지 않고 그리스 철학을 공부하거나 프루스트를 읽지 않고 들뢰즈를 공부하는 건 한계가 있을 수밖에 없다. 문학 없이는 철학도 제자리를 찾기 어렵다.

제1주: 인트로덕션

제 2주 : 시작하면서 – 통섭은 학문 사이에 일어나는 것이 아니다.
1. "모든 것은 빛난다." 휴버트 드레이퍼스/숀 켈리, 사월의 책. 전부
2. "까라마조프가의 형제들" 도스토예프스키, 일부
3. "안드레이 류블료프" 타르코프스키의 영화

제 3주 : 서양 문학의 시작, 호메로스
1. "일리아스" 호메로스/천병희 역, 숲
2. "읽기 위해서 쓰기를 배운다는 것은 무엇인가"

제 4주 : 오디세이아– 신화와 이성
1. "오디세이아" 호메로스/천병희 역, 숲
2. "세이렌의 침묵" 프란츠 카프카

제 5주 : 마르셀 프루스트의 "잃어버린 시간을 찾아서"

1. "꽃핀 소녀들의 그늘에서", "소돔과 고모라", 김희영 역, 민음사
2. "프루스트와 기호들" 들뢰즈, 민음사, 일부

제 6주 : 마르셀 프루스트의 "잃어버린 시간을 찾아서"

1. "스완네 집 쪽으로" 김희영 역, 민음사 2012
2. "프루스트와 지드에서의 사랑이라는 환상", 이성복, 문학과 지성사
3. "프루스트의 화가들" 유예진 지음/유재길 감수, 현암사

제 7주 : "가장 사악한 책을 썼습니다. 하지만 나는 어린 양처럼
순진무구하다고 느낍니다."

1. "모비 딕" 허만 멜빌, 열린 책들 or 작가정신 중 일부
2. 셰익스피어 중 일부

제 8주: 신곡 La divina commedia - 단테와 아우슈비츠

1. "신곡" 중 지옥편 Inferno, 단테/김운찬 역, 열린 책들
2. "단테 신곡 강의" 이마미치 도모노부/ 이영미 역, 안티쿠스, 일부
3. "이것이 인간인가" 프리모 레비

제 9주 : 단테 그리고 사무엘 베케트

1. "신곡" 중 연옥편, 천국편, 단테/김운찬 역, 열린 책들
2. 베케트, 몰로이 텍스트 일부

[강좌] 〈문학과 번역〉... 인문학의 출발점을 다시 생각합니다.

〈젊은 예술가를 위한 알레프 제로 프로그램〉이 〈문학과 번역〉으로 문학 이야기를 계속한다. 영어로 된 문학작품을 중심으로 다수의 한국어 번역본들을 같이 읽고 자신의 번역을 만들어 보는 연습. 이와 더불어 여타 유럽 언어의 번역과 비교해 보는 시간도 가진다. 같은 영어 원문을 놓고도 참으로 다양한 번역이 나오고 있다. 예를 들어 위대한 개츠비의 첫 문장은 한국어로 이렇게 번역되고 있다.

In my younger and more vulnerable years my father gave me some advice that I've been turning over in my mind ever since. "Whenever you feel like criticizing any one," he told me, "just remember that all the people in this world haven't had the advantages that you've had."

"지금보다 어리고 쉽게 상처받던 시절 아버지는 나에게 충고를 한마디 해주셨는데, 나는 아직도 그 충고를 마음속 깊이 되새기고 있다. "누구든 남을 비판하고 싶을 때면 언제나 이 점을 명심하여라." 아버지는 이렇게 말씀하셨다. "이 세상 사람이 다 너처럼 유리한 입장에 놓여 있지는 않다는 것을 말이다." 김욱동

번역, 민음사

내가 지금보다 나이도 어리고 마음도 여리던 시절 아버지가 충고를 하나 해주셨는데, 그 충고를 나는 아직도 마음속으로 되새기곤 한다. "누구를 비판하고 싶어질 땐 말이다, 세상 사람이 다 너처럼 좋은 조건을 타고난 건 아니라는 점을 명심하도록 해라." 김석희 번역, 열림원

지금보다 어리고 민감하던 시절 아버지가 충고를 한마디 했는데 아직도 그 말이 기억난다. "누군가를 비판하고 싶을 때는 이 점을 기억해두는 게 좋을 거다. 세상의 모든 사람이 다 너처럼 유리한 입장에 서 있지는 않다는 것을." 김영하 번역, 문학동네

지금보다 쉽게 상처받던 젊은 시절, 아버지가 내게 해주신 충고를 나는 지금까지도 마음 깊이 되새기고 있다. "혹여 남을 비난하고 싶어지면 말이다, 이 세상 사람 전부가 너처럼 혜택을 누리지 못한다는 걸 기억해라." 아버지께서는 이렇게 말씀하셨다. 한애경 번역, 열린책들

흔히 '문학에는 정답이 없으니 모든 번역이 다 좋고 취향의

문제'라고 생각한다. 과연 그럴까? 직역과 의역은 무엇이 더 좋을까? 독자를 배려한 읽기 쉬운 번역이 과연 좋은 선택인가? 실험적인 번역과 명백한 오역의 차이는 무엇일까?

영어 원문을 불어, 독일어, 이태리어와 비교해 보면 각자 읽어내는 영역과 강조하는 분야가 다르다는 것을 알게 된다. 그리고 전혀 모르는 언어를 통해서 (가령 포르투갈어, 폴란드어, 스웨덴어) 번역 연습을 해 보는 시간을 가질 수도 있다. 발터 벤야민의 『번역자의 과제』에서 제시된 관점에서 번역을 보면 많은 것이 보이기 시작한다. 〈문학과 번역〉 강좌를 통해 인문학 공부의 출발점을 같이 고민해 보는 시간이 되었으면 한다.

이 강좌는 또한 언어적 측면만이 아니라 역사적, 사회과학적 맥락을 같이 고려해서 텍스트를 이해하는 시도를 할 수 있는 기회도 될 것이다. 한 편의 소설을 이해하기 위해서는 모든 것을 다 알아야 한다는 관점에서 종교, 신화, 문학, 철학, 미술, 대중예술, 역사, 정치, 경제, 사회 모든 분야를 조금씩 다루어 볼 계획.

제1주

발터 벤야민의 『번역자의 과제』(발터 벤야민 선집 6, 도서출판 길)읽기

제2주

『The Great Gatsby』의 경제사회적 이해와 텍스트 읽기(영어 파일 제공)

소설과 영화(The Great Gatsby1974, 2013) 비교해 보기

제3주

『위대한 개츠비』의 김욱동, 김석희, 김영하, 무라카미 하루끼 번역 비교하기

(김욱동이나 김석희 번역본 중 하나 구입해서 미리 읽을 것)

제4주

『비평이론의 모든 것 Critical Theory Today』(타이슨 저, 앨피) 제 1~4 장, 7~ 9장 읽기(위대한 개츠비를 사례로 활용)

제5주

『번역예찬 why translation matters』(그로스먼 지음, 공진호 옮김, 현암사) 읽기

파블로 네루다/월러스 스티븐스 시 읽고 번역해 보기

제6주

『모비딕 Moby Dick』 원문과 김석희(작가정신), 강수정(열린책들) 번역 비교하기

이 책을 서구 문학전통에서, 또한 19세기 미국 경제사의 관점에서 읽기

제7주
『모비딕 Moby Dick』 원문과 김석희(작가정신), 강수정(열린책들) 비교하기
영화 Moby Dick(1956), In the Heart of the Sea (2015) 부분 감상

제8주
Wallace Stevens의 『The Collected Poems』 읽기
– Yale 대학교 ENGL 310: MODERN POETRY 문학 수업 동영상 미리 보고 오기

성곡 도서관에서는 Humanitas Nova 새로운 인문학 프로그램이 진행된 바 있다. 영시의 이해, 수학과 빅 데이터, 셰익스피어로 배우는 연기, 그리고 취업면접의 본질.

국민대 성곡도서관, '복합 학습 문화 공간'으로 탈바꿈
성곡도서관이 지난 15일 리모델링을 마치고 '복합 학습 문화 공간'으로 탈바꿈했다. 대학 도서관이 단순히 책을 읽고 학습하는 공간이 아니라 문화를 즐기고 체험하는 공간으로 거듭난 것이다. 도서의 대출·반납 기능 위주로 운영했던 1층

중앙대출실 공간을 이용자 중심의 문화 학습 놀이터로 전환하기 위해 208칸의 전시대를 설치하고 문학 전집, 만화 등을 구비했다. 다양한 유형의 테이블과 의자를 비치해 카페와 같이 학습과 휴식이 가능하도록 했다.

김재준 성곡도서관장은 "코로나 19 이후의 트렌드에 선제적으로 대응하고 자유로운 사고를 통해 4차 산업혁명 시대를 선도해나갈 수 있는 인재를 육성하기 위해 지원을 아끼지 않고 있다"라며 "학생 중심의 시설과 인프라를 통해 학생들의 인성과 지성, 교양 함양에 계속적으로 투자할 것"이라고 말했다.

'인포메이션 커먼스'를 신설해 자료의 출납 기능과 더불어 학생들의 정보 활용과 요구에 실시간으로 대처할 수 있도록 효율성을 높였다. 성곡도서관 로비에는 최신 트렌드의 도서를 비치함은 물론 학생들이 자신에게 편안하게 높낮이를 조절할 수 있는 업다운 테이블을 갖췄다. 이외에도 디자인 도서실은 정기간행물과 참고도서, 과제도서의 통합적인 배치를 통해 넓고 쾌적한 환경에서 학생들이 도서관을 이용할 수 있도록 공간 활용도를 높였다.

김재준 관장은 "코로나19 이후의 트렌드에 선제적으로 대

웅하고 자유로운 사고를 통해 4차 산업혁명시대를 선도해 나갈 수 있는 인재를 양성하기 위해 파격적 지원을 아끼지 않고 있다"며 "학생 중심의 시설과 인프라를 통해 학생들의 인성과 지성, 교양 함양에 계속적으로 투자할 것"이라고 말했다.

도서관장의 서양고전 초이스

1. 호메로스 Ὅμηρος, 일리아스 Ἰλιάς 천병희 역, 일리아스, 도서출판 숲, 2007(제1판)/2015(제2판) (희랍어 원전 번역)

2. 호메로스 Ὅμηρος, 오뒤세이아 Ὀδύσσεια 천병희 역, 오뒷세이아, 숲, 2006(제1판)/2015(제2판)

3. 소포클레스Σοφοκλῆς, 테베 3부작,『오이디푸스 왕』『콜로노스의 오이디푸스』『안티고네』, 천병희 역,《소포클레스 비극 전집》, 도서출판 숲, 2008
(참고) 소포클레스,《오이디푸스 왕/콜로노스의 오이디푸스》, 천병희 역, 양운덕 해설, 도서출판 숲, 서울, 2017

4. 아이스퀼로스Αἰσχύλος, 오레스테이아 3부작,《아가멤논》,《제주를 바치는 여인들》(or 코이포로이),《자비로운 여신들》(or 에우메니데스), 천병희 역,『아이스퀼로스 비극 전집』, 도서출판 숲, 2008.

5. 플라톤 Πλάτων, 소크라테스의 변명/ 향연 Συμπόσιον Symposium, 강철웅 역 아카넷 2020년, 메논 Μένων Menon,

이상인 역 아카넷 2019년 (정암고전총서 플라톤 전집)

6. 투키디데스 Θουκυδίδης, 《펠로폰네소스 전쟁사》, 천병희 역, 도서 출판 숲, 2011-06-30

7. 베르길리우스 Vergilius, 아이네이스AENEIS, 천병희 역, 아이네이스, 숲, 2004(초판)/2007(개정판)

8. 리비우스Livius, 로마사 Ab urbe condita, 리비우스 로마사1, 2, 3, 4, 이종인 역 | 현대지성 | 2018년

9. 단테(Dante Alighieri), 신곡(La Divina Commedia), 지옥Inferno, 연옥Purgatorio, 천국Paradiso, 최민순 신부 역 '단테의 신곡'(가톨릭출판사), 김운찬 역 '신곡'(열린책들), 박상진 역 '신곡 세트'(민음사), (참조) 이마미치 도모노부의 "단테신곡강의" 이영미 옮김 | 안티쿠스 | 2008년 01월

10. 마키아벨리 Niccolò Machiavelli, 군주론 Il Principe , 강정인/김경희 공역『군주론』(까치, 20015년 4판),
"마키아벨리 군주론: 정치적 이상과 현실을 어떻게 조화시킬 것인가?" 신동준 역 | 인간사랑 | 2014년

11. 마키아벨리 Machiavelli, 리비우스 로마사 논고, Discourses on Livy (Italian: Discorsi sopra la prima deca di Tito Livio) 1517 로마사논고, 한길그레이트북스 154, 강정인/김경희 옮김 | 한길사 | 2019년(1쇄 2003년)

12. 세르반테스 Miguel de Cervantes Saavedra, 돈키호테 Don Quixote, 1605 & 1615
돈키호테. 1, 2, 안영옥 옮김 열린책들 2014년

13. 횔덜린 횔덜린 시 전집 1, 광기와 우수의 천재 시인, 그 자체로 신

화가 된 거인, 장영태(옮긴이) 책세상 2017년 1월

휘페리온(Hyperion 1797년), 을유세계문학전집 11, 장영태 (옮긴이) 을유문화사 2008년 10월

(참고) 횔덜린 시의 해명(대우고전총서 23) 마르틴 하이데거(지은이), 신상희(옮긴이) 아카넷 2009년 4월

14. 괴테 Johann Wolfgang von Goethe, 파우스트 Faust (1831년)
파우스트 1,2 세트 – 전영애 (옮긴이) 길(도서출판) 2019-06-10

15. 셰익스피어 William Shakespeare, Hamlet, Macbeth, King Lear, Othello
셰익스피어 4대 비극 에디션 세트 – 전4권 – 햄릿+오셀로+리어왕+맥베스, 최종철 (옮긴이) 민음사 2021-12
햄릿, 시공 RSC 셰익스피어 선집, 여석기, 여건종 역, 시공사 2012-10
맥베스, 시공 RSC 셰익스피어 선집, 이원주 역, 시공사 2012-10

16. 셰익스피어 사극 Shakespearean history, 리차드 2세 King Richard II, 리차드 3세 King Richard III
셰익스피어 전집, 이상섭 (옮긴이) 문학과 지성사 2016-11
리처드 2세, 아침이슬 셰익스피어 전집 15, 김정환(옮긴이), 아침이슬, 2012년 11월
리처드 3세, 아침이슬 셰익스피어 전집 22 , 김정환(옮긴이), 아침이슬, 2012년 11월
리처드 2세, 강태경 (옮긴이) 지만지드라마 2019년 7월
리처드 3세, 강태경 (옮긴이) 지만지드라마 2019년 7월

17. 토마스 홉스(Thomas Hobbes), 리바이어던(Leviathan)(1651),
리바이어던 1, 2 – 교회국가 및 시민국가의 재료와 형태 및 권력,

나남 한국연구재단 학술명저번역총서 서양편 241, 진석용(옮긴이)
나남출판 2008-08-25

18. 장 자크 루소 Jean-Jacques Rousseau, 인간 불평등 기원론
Discourse on the Origin and Basis of Inequality Among
Men, 1754,
사회계약론 The Social Contract, 1762, 인간 불평등 기원론, 주
경복(번역) | 책세상 | 2018년 4월, 사회계약론 외, 루소전집 8, 박
호성(번역) | 책세상 | 2015년 10월
인간 불평등 기원론, 장 자크 루소 지음 | 김중현 옮김 | 펭귄클래
식코리아 | 2015년 03월

19. 멜빌 Herman Melville, Moby-Dick; or, The Whale, 모비딕,
허먼 멜빌 저/김석희 역, 작가정신, 2011년 05월
Bartleby, the Scrivener: A Story of Wall-Street, 필경사 바틀
비[영한대역특별판], 허먼 멜빌 저/공진호 역, 문학동네, 2021년
04월

20. 니체 Friedrich Wilhelm Nietzsche, Also sprach Zarathustra
차라투스트라는 이렇게 말했다. 정동호 옮김, 책세상, 2000, 니체
전집 13권.
Zur Genealogie der Moral 도덕의 계보, 프리드리히 니체 저/박
찬국 역, 아카넷, 2021년 06월

21. 톨스토이 Leo Tolstoy, 전쟁과 평화(War and Peace Война и м
ир, 1869년), 전쟁과 평화 세트 한정판(전 4권) 박형규 역 문학동
네 2017년 11월

22. 도스토예프스키 Fyodor Dostoevsky, 카라마조프의 형제들(The
Brothers Karamazov, Бра́тья Карама́зовы 1880년),

카라마조프 가의 형제들(합본 특별판) 김연경 역 | 민음
사 | 2019.09, 까라마조프 형제들 1, 2, 3, 창비세계문학 85, 홍대
화(옮긴이) 창비 2021-06

23. 플로베르 Gustave Flaubert
Madame Bovary 마담 보바리, 구스타브 플로베르 저/김화영 역,
민음사 2000년 02월, 민음사 세계문학전집-36,
L'Éducation sentimentale 감정교육 1869, 감정 교육 1, 2 플
로베르 저/지영화 역, 민음사 2014년 07월, 민음사 세계문학전
집-322

24. 프루스트 Marcel Proust, À la recherche du temps perdu 잃
어버린 시간을 찾아서
    1) 스완네 집 쪽으로 1, 마르셀 프루스트 저/김희영 역, 민음사 2012년
       08월
    2) 스완네 집 쪽으로 2 마르셀 프루스트 저/김희영 역, 민음사 2012년
       08월
    3) 꽃핀 소녀들의 그늘에서 1 마르셀 프루스트 저/김희영 역, 민음사
       2014년 04월
    4) 꽃핀 소녀들의 그늘에서 2 마르셀 프루스트 저/김희영 역, 민음사
       2014년 04월
    5) 게르망트 쪽 1 마르셀 프루스트 저/김희영 역, 민음사 2015년 12월
    6) 게르망트 쪽 2 마르셀 프루스트 저/김희영 역, 민음사 2015년 12월
    7) 소돔과 고모라 마르셀 프루스트 저/김희영 역, 민음사 2019년 01월
    8) 소돔과 고모라 마르셀 프루스트 저/김희영 역, 민음사 2019년 01월
    9) 갇힌 여인 1 마르셀 프루스트 저/김희영 역, 민음사 2020년 11월
    10) 갇힌 여인 2 마르셀 프루스트 저/김희영 역, 민음사 2020년 11월

25. 페소아 Fernando Pessoa

불안의 책, 페르난두 페소아 저 | 문학동네 | 2015년 09월 18일 |
원제 : Livro do Desassossego
시는 내가 홀로 있는 방식, 페르난두 페소아 저/김한민 역 | 민음사
| 2018년 10월, 민음사 세계시인선 리뉴얼판 -24
페르난두 페소아 - 페소아와 페소아들, 페르난두 페소아 저
workroom(워크룸프레스) 2014년 07월

26. 카프카 Franz Kafka, 변신, 소송, 단편들, 일기
    개정판 카프카 전집 [전10권] 프란츠 카프카 저 | 솔 | 2017년 05월

27. 발터 벤야민 Walter Benjamin, 벤야민 선집(길 출판사) 2007년
    - 2020년
    일방통행로 / 사유이미지 | 김영옥, 윤미애, 최성만 옮김　기술
    복제시대의 예술작품/ 사진의 작은 역사 외 | 최성만 옮김
    1900년경 베를린의 유년시절 / 베를린 연대기 | 윤미애 옮김
    보들레르의 작품에 나타난 제2제정기의 파리 / 보들레르의 몇가지
    모티브에 관하여 | 김영옥, 황현산 옮김
    역사의 개념에 대하여 / 폭력비판을 위하여 / 초현실주의 외 | 최
    성만 옮김
    언어 일반과 인간의 언어에 대하여 / 번역자의 과제 외 | 최성만
    옮김
    카프카와 현대 | 최성만 옮김　브레히트와 유물론 | 윤미애, 최
    성만 옮김
    서사, 기억, 비평의 자리 | 최성만 옮김　괴테의 친화력 | 최성
    만 옮김

28. 아도르노 Theodor Wiesengrund Adorno, Minima Moralia
    미니마 모랄리아 상처받은 삶에서 나온 성찰, 아도르노 저/김유동
    역, 길 출판사, 2005년 03월

미학 강의 1 아도르노 강의록 2, 테오도르 W. 아도르노 저/문병호
역 | 세창출판사 | 2014년 05월

29. 토마스 만 Thomas Mann, Der Zauberberg(1924) 마의 산(상),
(하) 을유세계문학전집 1, 2, 홍성광 옮김, 을유문화사 2008년 06월
(참고) 마의 산 10% 원서발췌, 토마스 만 지음 | 윤순식 옮김 | 지
식을만드는지식 | 2018년 10월 25일
파우스트 박사 1, 2, 한 친구가 전하는 독일 작곡가 아드리안 레버
퀸의 삶, 토마스 만 작/김륜옥 역, 문학과지성사, 2019년 3월, 대
산세계문학총서 152, 153

30. 제임스 조이스 James Joyce, Dubliners 더블린 사람들, 창비세
계문학 68, 제임스 조이스 지음/ 성은애 옮김, 2019년 05월

31. 사무엘 베케트 Samuel Beckett, Molloy 몰로이(대산세계문학총
서 75), 베케트 지음 |김경의 옮김, 문학과지성사 | 2008년 10월
Malone Dies 말론 죽다 베케트 지음 | 임수현 옮김 | 워크룸프레
스 | 2021년 10월
Unnamable 이름 붙일 수 없는 자, 베케트 지음| 전승화 옮김 | 워
크룸프레스 | 2016년 07월
(참고) 프루스트, 사무엘 베케트 저/유예진 역 workroom(워크룸
프레스) 2016년 12월

32. 에밀리 디킨슨 Emily Dickinson
The Things that Never Can Come Back 절대 돌아올 수 없는
것들, 에밀리 디킨슨 저/박혜란 역, 파시클, 2020년 12월, 에밀리
디킨슨 시선-01
고독은 잴 수 없는 것 The Loneliness One dare not sound, 강
은교 역, 민음사, 2016년 05월, 민음사 세계시인선 리뉴얼판 -11

33. 버지니아 울프 Virginia Woolf, A Room of One's Own 자기만
    의 방
    버지니아 울프 미니 선집 세트 [전3권], 버지니아 울프 저/박산호,
    권진아, 이태동 역 | 시공사 | 2020년 09월

34. 월리스 스티븐스(Wallace Stevens), Harmonium 하모니엄, 월
    리스 스티븐스 시집, 월리스 스티븐스 저/정하연 역 미행 2020년
    08월

35. 윌리엄 카를로스 윌리엄스(William Carlos Williams), 패터슨, 윌
    리엄 칼로스 윌리엄스 저/정은귀 역, 민음사 2021.12, 세계시인선
    리뉴얼판-54
    꽃의 연약함이 공간을 관통한다, 윌리엄 칼로스 윌리엄스 저/정은
    귀 역, 민음사 2021.12, 세계시인선 리뉴얼판-53

36. 데이비드 포스터 월리스 David Foster Wallace, Consider the
    Lobster and Other Essays 재밌다고들 하지만 나는 두 번 다시
    하지 않을 일 김명남 역,
    바다출판사 2018년 04월, Oblivion 오블리비언, 신지영 역, 알마
    2019년 10월

37. 마르케스 Gabriel García Márquez, Cien años de soledad
    (One Hundred Years of Solitude) 백년의 고독. 1 세계문학전집
    34, 백년의 고독.
    2 세계문학전집 35 가브리엘 가르시아 마르케스 지음 | 조구호 옮
    김 | 민음사 | 2000년 01월

38. 보르헤스, 알레프 (세계문학전집 281) 호르헤 루이스 보르헤스, 송
    병선 옮김 민음사 2012년02월
    픽션들 (세계문학전집 275) 호르헤 루이스 보르헤스, 송병선 옮김

민음사 2011년10월
[보르헤스 논픽션 전집 1-3] 아르헨티나 사람들의 언어 +영원성의
역사 +말하는 보르헤스: 김용호 역, 민음사외 2018년03월

미래에 필요한 핵심역량, 수학적 사고력

국민대학교 경상대학은 1946년 국민대학교 설립과 함께
시작해 국내 근대 경제학 교육의 모태가 된 경제학과와 다가
올 글로벌 시대를 준비하며 1972년 설치된 국제통상학과로
구성돼 있다.

흔히 경제학을 돈과 자원에 대한 학문이라고 생각하기 쉬
운데 사실 경제학은 '한정된 자원을 이용한 최선의 선택'에
따른 경제 현상을 연구하는 사회과학의 한 분야다. 때문에
정치, 환경, 법 등 다양한 사회 현상이 경제학과 연계되어 전
공학과로서 전망이 밝다고 평가된다. **그러나 김재준 학장은
단지 취업만 생각하자면 전공은 무의미하다고 말한다.**

"요즘 학생들은 취업을 염두에 두고 전공을 택하는 데 현
실 사회에서 실질적으로 도움이 되는 부분은 크지 않아요.
관련 전공자가 입사 초반에는 조금 앞설 지 몰라도 1년 정도
지나면 전공지식이 아닌 개인이 가진 능력에 따라 업무 결과

가 나타나거든요. 저는 기본적인 역량의 차이가 수학적 사고력에서 생긴다고 봐요."

　논리적 사고, 문제 해결력 등의 수학적 능력이 있어야 당면한 과제를 제대로 수행할 수 있기 때문이라며 김재준 학장이 그 중요성을 강조한다. 경제학을 공부할 때도 수학적 사고력은 특히 중요하다. 경제이론을 설명하는 많은 부분이 수학적 논의와 증명을 포함하기 때문이다. 게다가 실제로 그래프와 수식, 통계 등 이과 수학의 모든 영역을 다루므로 높은 수리 능력 또한 요구된다.

　"앞으로는 수학을 잘해야 살아남을 수 있어요. 경제학과는 문과와 이과의 소양이 모두 필요한데 이건 뭐든 다 할 수 있다는 뜻이기도 해요. 예측 불가능한 미래를 대비하는 방법은 딱 하나, 많은 걸 배우면 됩니다. 문과와 이과가 만나는 경상대에서 가능성을 찾을 수 있어요."

　더욱 가속화되는 혁신시대를 살아남기 위한 수학적 사고력을 체득하고, 이를 현실에 응용하는 감각을 키울 수 있는 경상대학이야말로 미래 시대를 대비하는 최고의 전공이라고 자신 있는 목소리로 말한다.

깊이와 폭을 갖춘 통합형 인재를 키우는 경상대학

많은 것을 배워 미래를 대비할 수 있다는 김재준 학장이 생각하는 미래 인재상은 무엇일까? 바로 한 분야를 깊이 이해하면서 넓은 폭을 아우르는 슈퍼제너럴리스트다.

"지금은 고체화된 개별 학문들이 좁은 울타리 안에서 전공에 집중해 스페셜리스트를 배출하고 있는데요. 반대로 앞으로는 다방면에 지식이 풍부한 제너럴리스트가 필요해요. 단 넓고 얕은 지식이 아니라 상당한 깊이와 이해를 갖추고 전문 분야를 통합할 수 있는 슈퍼제너럴리스트여야 하는 거죠. 그런 인재를 키우기 위해 경상대가 폭을 넓혀 다른 전공을 수용해 봐도 좋을 거 같아요."

"제가 4년 전부터 빅데이터 분석을 배워왔는데 경제학과의 응용 같다는 생각이 들더군요. 데이터 사이언스가 사실 응용통계학이에요. 계량경제학도 통계학을 바탕으로 하는데 빅데이터 AI가 통계자료 분석으로 규칙을 찾아내는 거라면 경제학과에서 AI를 연구하면 어떨까 하는 거죠."

김재준 학장은 경제학, 통계학 전문가가 함께 만들어 낸 AI라면 사회현실에 대한 응용 면에서 더 뛰어난 기량을 발휘할 수 있을 거라고 확신하며 경상대학 AI 전공을 머릿속에 그리고 있다. 이에 발맞춰 경상대는 2020년 1학기부터 빅데이터 관련 수업을 신설하고 코딩 프로그래밍 등의 교육을 통해 학생들에게 디지털 감각을 일깨우고 있다.

이코노믹 마인드에 글로벌 감각을 더하다

김재준 학장이 소개한 외국인 학습 튜터링 외에도 경상대학은 학생들 모두가 글로벌 역량을 다질 수 있도록 외국인 학생이 참여하는 문화행사와 국제교류 프로그램을 진행하는데 특히 눈에 띄는 것 중에 하나가 유라시아 원정대다.

"한국학생들과 외국인 학생 1명이 팀을 이뤄 지도교수와 함께 외국인 학생의 출신 국가를 탐방해요. 창업이나 무역 아이디어를 얻기 위한 시장조사 프로젝트를 실시하는데, 작년까지는 아시아 원정대였다가 유럽까지 지역을 확장하려고 유라시아로 이름을 바꿨어요."

유라시아 원정대를 통해 2016년부터 매년 평균 4-5팀이 해외를 방문해왔지만 올해는 코로나19로 인해 지난 1월 몽골에 다녀온 팀이 마지막 참가자가 됐다. **김재준 학장은 이**

코노믹 마인드와 글로벌 감각을 키우기에 꼭 알맞은 프로그램인 유라시아 원정대가 무사히 재개돼 많은 학생들이 유럽까지 원정을 떠나길 바란다고 전했다.

끝까지 파고들어 경상대만의 재미 찾길 바라

김재준 학장은 경상대학과 학생들을 위해 끊임없이 고민하고 다양한 아이디어를 생각해 낸다. 경상대학이 역량강화사업으로 실시한 '런 투게더'(Run Together) 역시 그의 아이디어에서 탄생했다.

2019학년도 런투게더 행사 당시

일주일에 한 번 운동장에 모여 교수와 학생들이 함께 걷고 뛰며 어울리는 프로그램으로 2019년에만 총 19회를 진행했으며 470여명의 학생들이 참가했다. 뿐만 아니라 그는 다 같이 춤을 배우는 댄스투게더, 드립커피 제조법을 배우는 바리스타 체험 등 여러 행사를 구상 중이라고 밝혔다. 이렇듯 학생을 위한 다양한 행사를 직접 구상하고 시도하려는 이유는 무엇일까? 그는 얼굴을 맞대고 소통하는 기회를 마련하고 싶었다고 말했다. **사회 현상을 연구하는 경상대학생에게 소통 능력은 절대적으로 중요하기 때문이다.**

김재준 학장은 "쉬우면 재미없잖아요. 잘 안되니까 오기도 생기고 더 열심히 하게 되는 거죠. 물론 포기해 버리는 사람도 있지만요. 제가 봤을 땐 뭔가에 깊이 빠질 줄 아는 사람, 끈기를 가지고 독하게 완수하는 책임감을 가진 사람이 경상대학에서 좋은 결과를 얻는다고 생각해요."

마지막으로 학생들에게 자신의 관심 분야를 찾아서 끝까지 파고들어 보라는 메시지를 전했다. 끊임없는 도전과 노력으로 미래 시대를 대비하는 경상대학 안에서 성취의 재미를 찾아낼 학생들의 앞날이 기대된다.

미술과 대면하기

시각예술

미술 분야에서 과거에 경험했던 일들, 특히 언론에 노출되었던 것들을 모아보았다.

"그림과 그림값"이란 책을 썼다. 그 책의 서문을 이어령 (초대 문화부 장관)이 써 주셨다.

21세기 문화경제의 패러다임을 향한 새로운 파도

어렸을 때 붓글씨를 가르치던 선생님은 늘 나에게 말씀하셨다. "개칠을 하지 말라"고. 그런데도 이 가르침을 어기고 지금 남이 잘 써놓은 글 위에 개칠을 하는 어리석음을 범하게 되었다. 그러나 거기에는 그럴 만한 이유가 있어서이다.

그러니까 90년대 초 내가 처음 창설된 문화부 행정을 맡게 되었을 때의 일이다. 그때 늘 부딪혔던 의문은 '예술의 미적가치는 경제적 가치와 일치하는가' 하는 문제였다. 더구나 그 당시 문화적 상황은 그림이 새로운 투자, 투기 대상으로 등장하기 시작했고 국세청에서는 국세청 대로 부동산 투기처럼 그림의 매매에 과세를 하겠다고 벼르던 때였다. 가까운 이웃나라 일본 에서는 세제의 명작들을 사 들여다가 한 폭의 그림을 수백 명 에게 분할 판매하는 신상법까지 등장하고 있다. 그림값이 오르면 그만큼 이익금이 투자자(공동소유자)에게 돌아가는 미술시장은 본질적으로 증권시장과 다를 게 없다. 창조를 목적으로 한 예술활동과 이익을 목표로 한 경제활동은 평행관계인가, 교차 관계인가. 솔직해 말해서 나에게는 이러한 질문에 답할 지식도 판단력도 그리고 결단력도 없었다. 그러한 나에게 새로운 미술관법을 만들게 하고 화랑 경영자나 수집자들과 앞으로 올 문화주의 시대를 구상해보는 용기와 지혜를 준 한 권의 책이 있었다. 그것이 바로 일리노이 대학의 경제학 교수 윌리엄 D. 그램프의 「Pricing the Priceless]라는 저서였다.

경제학과 예술론이 혼연일치된 이 저술은 내가 궁금하게 어 겼던 미술품과 수집가, 화상, 미술관에 관해서는 물론, 심지어는 정부가 왜 예술을 지원해야만 하는가 하는 문제에 이르기까지 모든 현안 문제를 푸는 블랙 박스와도 같은 구실을 했다.

그러나 이 책을 읽으면서도 개운치 않게 머리에서 맴돌고 있었던 것은 만약 우리 경제학자들이 이러한 관점에서 글을 써 주었으면 훨씬 더 도움이 되었을 것이라는 점과 만약 그 책이 좀더 예술을 사랑하는 수집가의 입장에서 몸소 자신이 겪은 생생한 체험과 정보를 보여주는 것이었다면 그 감동이 더욱 컸을 것이라는 아쉬움이었다.

그런데 바로 이 두 가지 아쉬움을 한꺼번에 풀어준 김재준 님의 책이 출간된 것이다. 이 책은 한 마디로 경제학을 전공한 한국 화자의 손에 의해서 쓰여진 미술 수집론이다. 이 경제학자는 미술뿐 아니라 와인 수집과 감식, 골동품에서 역학(북)에 이르기까지 한국 전통문화의 구석 구석을 관심과 애정으로 들여다 보고 있어 각 분야에서 모종의 경지에 이르른 사람이다. 그래서 저자의 글을 읽고 있으면 꼭 르네상스인과 만나 담소를 나누는 것 같은 놀라움과 감동을 받게 된다.

이런 책이 5,6년 전에만 나왔었더라도 결코 내 손에는 그램프의 책이 들려져 있지는 않았을 것이다. 뿐만 아니라 그 미술 정책도 보다 현장감이 넘쳤을 것이다. 문화정책을 수립하는 사 람만이 아니라 미술을 애호하는 일반인들도 몇 년을 앞당겨 좋은 콜렉터로서 자리를 굳힐 수 있었을 것이다. 그것이 한국의 미술계에 활력을 주는 순수한 한 방울의 포도주 같은 역할도 했을 것이다.

'사람은 왜 수집을 하는가'라는 미술 콜렉터의 구체적인 물음에서부터 시작하여 '사람은 왜 정보를 공유해야 하는가'라는 해답으로 끝을 맺고 있는 이 체험의 서는 "정보는 곧 돈이다"라는 미술시장의 원리를 "정보는 곧 예술(감동)의 힘이다"로 바꿔주었다. 앞으로 경제적 가치를 지닌 상품들은 효율성이나 기능성보다도 인간의 마음에 즐거움을 주는 감동에 의해서 평가 받게 되는 날이 오게 된다.

그러므로 이 한 권의 책이 던질 파문은 한국의 미술계와 미술시장이 아니라 바로 경제의 패러다임과 문화의 패러다임을 동시에 바꾸는 21세기의 신선한 파도가 되어줄 것이다. 남들 같으면 비단 보자기에 싸서 반닫이 깊숙이 숨겨둘 값진 지식과 정보를 진솔하게 털어놓은 김재준님의 이 저술은 그 하나만으로도 정보 독점에서 정보 공유로 옮아가는 정보화 시대의 화살 표이다. 『그림과 그림값(1997) 서문, 이어령』

미술컬렉터로서의 경험에 대해 쓴 일간 신문 정기 칼럼들의 일부 내용도 몇 편 뽑아보았다.

미술시장 유통구조

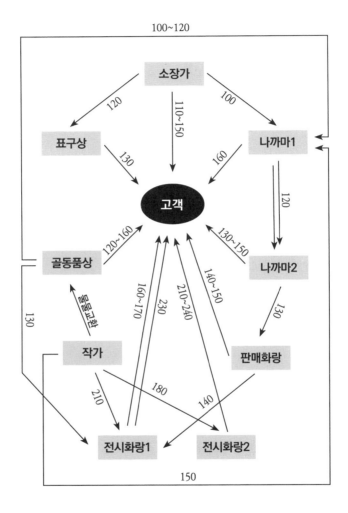

소장가

표구상

나까마1

고객

골동품상

나까마2

작가

판매화랑

전시화랑1

전시화랑2

100~120

120

110~150

100

130

160

120

120~160

130~150

140~150

120

160~170

230

210~240

물물교환

130

130

180

210

140

150

[김재준컬렉션이야기-1] 아쉽게 못 구한 유화 기억해 직접그려

조선일보 1997.10.21.

당신도 컬렉터가 될 수 있다.

일반인에겐 아직도 순수미술은 낯설고 멀게만 느껴지는 분야다. 미술작품을 산다는 것은 더욱 그렇다. 최근 발간한 '그림과 그림값'에서 지난 10년간 월급-보너스를 쪼개그림 수백점을 사고 판 경험을 털어놓아 화제를 일으킨 경제학자 컬렉터 김재준씨의 체험담을 통해 미술과 거리를 좁혀볼 기회를 마련한다. .

최근 나는 '그림과 그림값'이라는 책을 내고 "돈이 얼마나 많길래 그렇게 그림을 모았느냐"는 이야기를 여러 군데서 들었다. 우리의 잘못 된 상식 중 하나가 미술품 컬렉팅을 일부 호사가들의 전유물로 여기는 것 이다. 그러나 첫 직장에서 내연봉은 2천5백만원이 채 못됐고 지금도 4천만원 정도다. 어느 해 늦가을 저녁 나는 인사동을 배회하다 우연히 부산공간화랑의 성냥갑만한 서울 분점을 발견했다. 유리 너머로 보이는 낡은 액자속의 유화 소품과 연필 드로잉 몇 점. 나는 거기서 K 화백의 것으로 느껴지는 드로잉 하나를 보았다. 누렇게 바랜 종이 위에 그린 한 소녀의 뒷모습 누드. 시원한 선이 그렇게 좋을 수가 없었다. 당장 사고 싶었지만 가게에는 아무도 없었고 설혹 주인이 있다 해도 내 주머니는 텅텅 비어 있었다. 유리문 아래로 메모를 남겨 놓고 몇 번을 더 찾아간 끝에 드디어 신옥진 사장님의 전화를 받았다. 단숨에 인사동으로 직행한 나는 인사를 교환하고 용기를 내어 물어보았다. "저 벽에 걸린 스케치가 K 작품인가요?" 어떻게 알았느냐는 놀라움과 함께 "그렇다"는 대답. 그는 내가 가난한 미술애호가로 보였던지 돈은 나중에 달라고 하면서 그림을 둘둘 싸서 내 손에 들려주었다. 각박한 세상이지만 예술을 다루는 사람은 뭔가 다르다는 것을 실감하며 몇 번이나 고맙다는 말을 했다. 그 날 저녁 내 방에 그 작품을 걸어 놓고 자정이 넘도록 보고 또 쳐다보았다. 드로잉과는 이렇게 만났다. 기억에 남는 에피소드하나 더.

어느 초겨울 나는 강남의 한 화랑에서 김종학의 매화나무 유화를 보았다. 나무 줄기가 옆으로 하나 굵게 뻗어 있는데 가지가지마다 연분홍 꽃이 푸르른 바탕색 위에 피어 있었다. 오랜 시간이 쌓여 이루어진 두터운 마티에르. 지나치게 요란한 꽃그림으로만 화가를 연상하던 나에게는 충격이었다. 값을 물어보니 No Discount! 1주일을 고민하다 다시 들러 보니 그사이 딴 사람이 달랑 집어갔다고 했다. 그날 밤 나는 쓰라린 가슴을 움켜쥐고 내 머리 속의 매화나무를 캔버스 위에 옮겨 놓았다. 새벽까지 칠하고 또 칠해서 완성한 어설픈 그 그림을 책상 위에 놓고 아쉬움을 달랬다.

일반인들이 미술품 수집에 관해 갖고 있는 편견은 또 있다. 교육 수준이 높고 어렸을 때부터 문화적 환경에서 자란 사람만이 미술을 보고 즐길 수 있다는 것이다. 그러나 절대 그렇지 않다는 것을 웅변적으로 보여주는 이야기를 나는 금년 봄 뉴욕의 한 고서점에서 산 책에서 감명 깊게 읽었다. 미국의 한 컬렉터 이야기였다.

허시혼(1899~1981)이라는 뉴욕 빈민가 출신의 유태인 소년은 13세때 학업을 중단하고 신문배달을 시작했다. 문화적 소양은 커녕 학교교육도 제대로 받지 못한 불쌍한 주인공은 18살때 판화 2점을 우연히 사게 된다. 허시혼은 타고난 성실함으로 마침내 광산을 가진 큰 자산가가 됐고 그림은 평생에 걸친 그의 열정적 사랑의 대상이 돼 40년에 걸쳐 6천점의 회화, 조각, 드로잉 등을 수집했다. 그는 화랑 또는 작가에게 작품을 사면서 그림에 대한 안목을 높여 갔다. 하도 인정사정 없이 값을 깎는 통에 화상들은 그가 나타나면 긴장하곤 했다. 그러나 수전노 같아 보이는 그는 가난에 시달리는 신인들의 그림을 많이 사 주기도 했다. 그의 안목이 보통이 아니라는 것은 그가 사들인 드 쿠닝같은 신인들이 거의 모두 유명작가로 성장한 데서 알 수 있다. 컬렉터의 작품 보는 눈은 그가 어떤 신인작가의 그림을 사느냐에 나타난다고 할 수 있다. 만년에 그의 컬렉터로서의 명성은 미국 영국 프랑스가 그의 소장품을 자국에 유치하기 위해 벌인 치열한 경합에서 잘 입증됐다. 마침내 존슨 대통령의 설득으로 그는 스미소니언박물관 내의 허시혼미술관 기공식에 참석하게 됐다. 사업가 허시혼은 잊혀졌지만 컬렉터 허시혼의 명성은 미국 워싱턴에 세워진 그의 이름을 딴 미술관에서 영생하리라.

재력이나 안목 모두 미술수집의 걸림돌은 아니라는 것을 얘기하고 싶다. 이 가을 당신의 인생을 바꿔 놓을 운명의 그림과 만날 수 있기를 바란다.

[김재준 컬렉션이야기-3] 그림값은 안 아끼는 '즐거운 구두쇠들'

조선일보 1997.11.04.

흔히 컬렉터라면 돈이 많고 시간이 넉넉한 한량쯤으로 생각한다. 다른 사람보다 상대적으로 돈이 많은 것은 사실이다. 그러나 그 돈은 오로지 그림을 사기 위해서다. 남편이 옷사입으라고 준 돈으로 그림사는 주부들을 화랑에선 자주 볼 수 있다. 여러 해 전 어느 토요일 오후 큰손으로 소문난 한 컬렉터를 우연히 인사동에서 만났다. 내가 간 화랑에 다소 낡아 보이지만 진한 감색이 생생한 재킷을 입은 50대 후반으로 보이는 신사가 들어왔다. 내가 "옷이좋다"고 하니까 그 분은 "선친이 일제때 동경의 양복점에서 영국 옷감으로 맞춘 것인데 부자가 2대에 걸쳐 50년 이상 잘 입고 있다"고 말했다. 그 분은 그림 사는 방법도 특이했다. 김환기 과슈를 잠시 쳐다보다가 1천만원 정도에 달라고 단도직입적으로 얘기하는 것이었다. 화랑주인은 꼼짝을 못하고 응했다. 그는 흥정을 지켜보고 있는 나에게 어느 작가를 좋아하느냐고 물었다. (컬렉터들끼리는 서로 이것저것 물어보며 상대방의 수준을 탐색하는 습관이 있다) 당시 나는 미술가나 미술시장 상황에 대해 비교적 소상히 알고 있다고 자부하고 있었다. 나는 김환기 말년, 나무의 나이테가 휘돌아가는 것 같은 푸른색 점화와 이응로의 종이를 콜라주해 은은하게 채색한 문자추상이 좋다고 상당히 구체적으로 답했다. 그 컬렉터는 빙그레 미소를 지으며, "나이도 젊은 친구가 그림에 관심이 많은 걸 보니 내가 처음 그림에 빠져들 때가 생각나는구먼"하더니 점심이 나같이 먹자고 했다. 일식집으로 데리고 가기에 생선초밥쯤은 먹을 줄 알았다. 그런데 메뉴를 보더니 음료 한 병 없이 4천원짜리 김초밥만 2인분을 시키는 것이었다. 1천만원짜리 그림은 주저하지 않고 사는 사람이, 두 사람 점심값으론 1만원을 안 쓴 셈이었다. 점심 메뉴는 영 기대에 못 미치는 것이었지만 그날 식사는 4천원 이상의 가치가 있었다. 대선배로부터 여러 수를 배울 수 있었기 때문이다.

"작품은 똑 떨어진 것을 사라(누구라도 인정할 좋은 그림을 사라는 뜻)" "좋은 그림은 아무리 돈이 궁해도 팔지 말라" "화랑의 말을 믿지 말아라. 컬렉터는 화랑 주인의 머리 위에서 놀아야 한다" "믿을 수 있는 것은 자기 안목 뿐이다" "절대 무리하게 사지는 말라" 등의 말이 기억에 남는다.

컬렉터의 입장에서 볼 때 그림값 지불이란 '열정'의 다른 이름이다. 한눈에 1천만원짜리 그림의 가치를 알아볼 줄 아는 안목, 4천원의 점심을 맛있게 먹는 검소함. 컬렉터는 둘 사이의 모순을 잘 조화시킬 줄 아는 특이한 사람들이다.

[컬렉션 이야기] 인사동은 외국인들에 '메리의 골목'

조선일보 1998.01.06.

세계 어디를 가든지 화랑들이 모여 있는 문화의 거리가 있고 나는 이런 곳들을 꼭 둘러본다. 영국 런던에서 한 화상을 만났는데 "1백50년째 가업으로 화랑을 운영하는데 아버님이 판 그림을 내가 다시 사들입니다"라고 말해 나를 놀라게 했다. 뉴욕에서는 맨해튼 57번가의 작지만 고급스런 화랑들과 소호(Soho)의 창고를 개조해 실험적인 작품을 전시하는 화랑들이 대조적으로 눈길을 끈다. 우리나라도 인사동과 청담동이라는 두개의 대표적인 화랑가를 갖고 있다.

인사동에서 60년도 더 되어 보이는 꽃 그림 정물화를 본 적이 있다. 오래되어 물감도 군데 군데 떨어져 나가고 사인도 희미한 그 작품을 보는 순간 일제시대에 요절한 김종태의 미공개 유화라는 느낌이 들었다. 파는 사람도 누구 작품인지 모르겠다는 것이었다. 그래서 작가 미상, 작품 진위 불문으로 그냥 내 눈을 믿고 사기로 했다. 우여곡절 끝에 나중에 진품으로 판정이 되어 지금 과천의 국립현대미술관 특별전시회 '근대를 보는 눈'에 걸려 있다.

외국에 나가 보아도 청담동 정도로 깔끔하게 화랑이나 카페가 늘어선 곳을 발견하기는 쉽지 않다. 조금만 더 잘 정비하고 지원을 한다면 소비문화의 대명사에서 벗어나 문화예술이 꽃피는 새로운 관광명소로 부각될 수도 있지 않을까 하는 생각이 든다. 이태원 쇼핑이 외국 관광객이 거쳐 가는 필수 코스인 것처럼 인사동, 청담동 화랑가를 둘러보는 문화관광 일정을 구체적으로 개발해 보면 어떨까.

시각예술 관련 본인의 개인 전시에 대한 언론 인터뷰와 기사들의 일부를 간략히 소개해본다.

창작은 예술가만의 영역인가?

2002년 10월 24일부터 11월 7일까지 백해영 갤러리에서 '회화의 창작과정에 대한 연구'라는 제목으로 개인전을 열었다. 그때 인터뷰를 한 잡지에 이 전시회와 관련된 이야기가 자세히 소개되어 있다. 다음은 인터뷰 내용이다.

  INTERVIEW

Q. 선생님은 문화산업의 중요성과 시각예술 부문의 발전에 관해 연구하는 경제학자로 유명하다. 작가 입장에서 전시회를 열게 된 배경은 무엇인가?

A. 나는 시각예술이 한 사회의 정체성 형성과 경제 성장에 얼마나 중요한 역할을 하는 지 많이 생각해왔다. 과학 분야 노벨상 수상자가 많은 나라에 세계적인 미술가도 많다는 사실을 알고 놀란 적이 있다. 그런데 우리는 미술을 하나의 교양으로 생각하는 경향이 있다. 감상하는 방식도 지극히 피상적이고 수동적이다. 현대미술을 적극적으로 이해하고 즐기려면 '작가같이 생각하는 법'을 터득해야 한다. 우리는 창조적인 일은 예술가나 과학자들의 전유물이라고 생각한

다. 창조적인 사람은 선천적으로 타고난다는 고정관념을 가지고 있다. 그러나 요제프 보이스가 "모든 사람은 예술가다" 라고 말했듯이, 나는 우리 모두가 자신의 전문분야에서 이미 창조적인 존재라고 생각한다. 20세기 들어 미술은 끊임없이 기존의 모든 생각을 의문에 붙이며 그 영역을 확장해왔다. 예를 들면 예술작품, 예술가의 역할, 전시에 대해. 그러나 마지막까지 의심되지 않았던 영역이 있다면, 바로 예술가만이 예술에 대한 이런 모든 질문을 던질 수 있다는, 예술가의 독점적 지위를 고수하는 입장이었다. 즉 예술창작은 예술가만의 영역이라고 생각해온 것이다. 나는 창작에서도 아마추어가 프로같이 작업할 수 있고 그렇게 작업할 수 있는 방법론이 무엇인가에 대해 이야기하고 싶었다. 열정이 있고 미적 감수성이 있는 사람은 누구나 약간의 훈련을 통해서 작가같이 생각하고 그릴 수 있다는 것을 실험을 통해 검증해보는 것이다.

Q. 이번 전시에서 선보인 작품은 어떻게 제작된 것이며, 작업을 통해 개인적으로 얻은 것은?

A. 나의 컨셉은 창조적 과정에서의 몸의 역할이다. 몸으로 표현하는 공연예술의 근본을 숨쉬기와 걷기로 해석하는 것에서 출발한다. 시각예술의 작업과정도 일종의 공연예술이고 결국은 몸을 써서 하는 작업이라는 인식에 따라서 숨쉬기와 걷기를 선으로 이미지화한 후 반

복적으로 그어나간다. 또한 선의 에너지가 내적으로 그리고 외적으로 어떻게 다양하게 표현되는가에 초점을 맞추고 있다. 반복이라는 개념이 내 창의성 이론과 실제 작품에서 키워드라고 할 수 있다. 무한에 가깝게 반복하지만 지루하지 않을 때, 그 사람은 예술가라고 할 수 있다.

Q. 21세기 정보사회에서 작가의 지위는 어떻게 될 것으로 생각하는가?

A. 인터넷으로 대표되는 정보화 시대의 가장 큰 특징은 프로와 아마추어의 경계가 사라지는 것이다. 누구나 생산자가 될 수 있고 소비자와 생산자를 겸할 수도 있다. 기존의 울타리 안에 안주하는 예술가는 도태되어버릴 위험이 크다. 디지털 경제에서는 결국 서너 개의 대형기업과 수만 개의 초미니 생산자가 공존하는 구도로 갈 확률이 크다.

Q. 앞으로의 계획이 있다면?

A. 레오나르도 다빈치는 창조성의 중요한 비법의 하나로 '애매모호함'을 참을 수 있는 능력을 꼽았다. 우리는 불확실한 것을 참지 못한다. 빨리 답을 내려야 시원해한다. 미술의 창작과정에 대해서도 확실한 결론을 유보한 채 지켜보려고 한다. 이번에 했던 전시회는 통상적인 회화 전시같이 보이지만 사실은 창작과정을 보여주려 는 개념미술

적인 것이었다. 이론을 만드는 것과 실제 작업을 하는 것은 개념미술 에서 같은 과정이라고 할 수 있다. 기회가 주어진다면 이번 경험을 바탕으로 미술 대학 3,4학년의 실기를 한번 가르쳐 보고 싶은 생각도 있다. 예전에 보몰William Baumol 교수에게 경제사를 한 학기 배운 적이 있었는데, 특이하게도 이분은 대학원에서는 경제학을, 학부에서는 나무 조각 wooden sculpture 과정을 가르치셨다. 또 영국의 피코크peacock교수는 시간이 나면 작곡을 한다. 그것도 현악사중주를. 이런 다양성이 나에게는 매우 인상적이었다.

문화광장 | 경제학자 김재준의 예술 열정전

전시회로, 책으로 '예술 따라잡기' 김민경 기자 2004-07-16

'그림과 그림값'이란 책으로 꽤 많이 알려진 미술 컬렉터이자 국민대 경제학부 교수 김재준씨의 기획전이 6월16일부터 22일까지 서울 인사동에 있는 갤러리 피시에서는 '전쟁의 재구성'이라는 제목으로 열렸다. 경제학자이면서 음식평론가, 미술 컬렉터이고, 예술품 시장의 분석가이자, 개념미술 작가인 그는 숫자의 재구성을 통해 인류학, 정치학, 사회학과 심지어 작곡의 영역을 관통하여 접속한다.

본업이 교수인 한 미술애호가의 개인전인지라, 이 전시는 제대로 평가를 받을 기회조차 얻지 못했다. 미술판에서의 평가는 악평인 경우에도 대단히 배타적으로 '작가'들에게만 주어지기 때문이다. 이럴 때 작가란 미술대학을 나와 견고한 미술계 학연에서 한자리를 차지하고 있는 사람이거나, 드물게 대가한테서 도제 수업을 받은 사람을 의미한다.

그러나 꽤 많은 작가들이 '비밀리에' 이 전시장을 들렀고, 또 적잖은 작가들은 쓴 입맛을 다신 것으로 전해진다. 이 '아마추어' 작가의 미술적 행위—이번이 이미 네 번째 개인전이다—가 가볍게 웃고 격려해줄 만한 취미가 아니라 현대 미술의 정곡을 찌르는 어떤 것을 뿜어내고 있었기 때문이다. 또한 눈치 빠른 작가와 관객들이라면 그의 작업이 '폼생폼사'하는 '전문작가'들의 신비주의적 작업과 자기만족에 대한 도전이라는 점도 깨달았을 것이다.

다빈치 스쿨: Just do Everything

이 전시에서 그는 '전쟁의 재구성'을 통해 미국과 이라크 전쟁이 시작된 이후 매일 매일의 날짜와 그날 사망한 미군 수와 이라크인의 수를 대비시켰다. 3주간의 결과는 117:6009. 또한 CNN을 통해 전쟁을 중계해 보는 60억 지구촌의 사람들을 위해 경기도만한 스타디움 축소 모형과 서울시만한 그라운드, 이라크를 축소한 필드를 만들기도 했다. 그의 의도는 명백하다. 전쟁을 숫자로 재구성하여 이미지(또는 오브제)로 표현함으로써 사람들이 전쟁을 자신의 현실로 생각하게 한 것이다.

시각이미지 평론가 이정우씨는 "최근 열린 전시 중 '전쟁의 재구성'이야말로 가장 훌륭하다"고 평하기도 했다.

김재준씨는 경제학자에서 작가가 된 것일까. 아마도 그런 것 같다. 그는 미술판의 인맥 없이도, 다루기 힘든 미술 재료가 없이도, 하고 싶은 말이 있다면 누구나 미술작가가 될 수 있다고 주장한다. 그리고 수학자가 그러하듯, 그것을 증명해 냈다.

건축가 황두진은 다음과 같은 평론을 남겼다.

전쟁, 숫자, 스포츠 그리고 미술: 내가 보는 김재준

● 킬러

내가 아는 어떤 사람은 김재준을 킬러라고 부른다. 과격한 수사법이지만 김재준에 대한 상당히 객관적인 관찰이 바탕에 깔려있다. 그는 김재준의 눈빛이 때로 무서울 정도로 날카롭다고 했다. 그러나 그것은 어디까지나 평소 그의 유순한, 어찌 보면 좀 풀려있는 듯한 눈매에 길들여지고 난 다음에야 비로소 느껴지는 것이라고 덧붙였다. 결국 그는 김재준이 만들어내는 상대적인 자극의 진폭에 대해서 이야기하고 있었다. 지극히 농밀하면서 동시에 지극히 희박한 사람, 그가 김재준이다. 그의 밀도는 균일하지 않다. 그것이 그의 에너지다. 그는 끝없이 소(巢)와 밀(蜜) 사이를 진동하며 조용한 가운데 수많은 움직임을 만들어낸다.

● 숫자

김재준은 경제학자다. 꾸준히 미술 작업을 하고 있지만 그럼에도 불구하고 그는 일차적으로는 경제학을 공부하고 이를 가르치는 사람이다. 굳이 자신을 계량경제학자로 간주하지는 않는다. 그러나 그가 하는 공부의 기본은 수학이며 추상화된 수의 세계다. '다른 조건이 같다고 보고……'를 시작으로 하는 수학적 모델은 현실의 구체성을 결여하고 있지만,

어떤 의미에서 그만큼 현실을 걸러서 보여주며 그 핵심을 적 나라하게 때로 폭발적으로 제시하는 힘을 갖는다. 이렇게 그 는 숫자를 통해 세상을 보고 이해하는데 익숙해져 있다. 그 에게는 숫자가 곧 문자요, 그림이며, 어떤 의미에서 현실 그 자체다.

● 나의 1은 너의 1보다 크다

그는 나와 나눈 대화를 통해 자신을 '계량적 사회과학자' 로 부르는 것에 동의했다. 역설적인 이야기지만 그는 숫자 의 해석을 통해 오히려 숫자의 추상성을 극복하고 있는 것처 럼 보인다. 전쟁의 재구성 작업의 상당 부분은, 비록 그 자신 이 그렇게까지 직접적으로 관련지어 설명하고 있지는 않지 만, 평등해야할 숫자가 평등하지 않은 경우에 대한 사회과학 자의 관점을 반영하고 있다. 조지 오웰의 동물농장에서 가장 섬뜩한 문장, 즉 '모든 동물은 평등하다. 그러나 돼지가 조금 더 평등하다'와 너무나도 유사한 상황이 이번 이라크 전에서 전개되고 있음을 그는 주목한다. 이제 숫자도 주인을 잘 만 나야 대접받는 세상이 되었다.

● 마야 린

마야 린은 미국의 건축가이며 공공예술가다. 예일대 재학 당시 월남전 기념비 공모전에 당선되어 일약 스타가 되었다. 그러나 정작 본인은 월남전의 구체적인 사항에 대해서 무관심했다. 이 동양계 여학생의 관심은 아주 간단했다. '사람이 많이 죽었다'는 것이었다. 그래서 월남전에서 죽은 미국 병사들의 이름을 전부 모아서 그것을 검은 화강석 벽에 하나하나 새겨 넣는 아이디어를 제출했고 이것이 그만 당선되고 말았다. 간단하기 짝이 없는 아이디어였지만 완성된 기념비가 주는 감동은 엄청났다. 그 수많은 이름, 이름들! 공식 명칭은 월남전 기념비였지만 전쟁의 영웅적 측면에 대한 언급은 일체 없었다. 그것은 기본적으로 숫자가 주는 감동에 대한 작업이었다.

● 다시 마야 린

그러나 마야 린의 숫자와 김재준의 숫자는 그 의미와 구조가 다르다. 마야 린에게 숫자는 거짓이 없는 존재다. 1에다 1을 더하면 2가 되고 이렇게 끝없이 더해나가면 나갈수록 숫자는 거짓 없이 증가해간다. 그리고 어느 정도 모여지면 드디어 질적인 힘을 갖기 시작한다. 마야 린의 숫자에는 단순한 더하기의 논리가 통한다. 김재준의 숫자는 보다 복합적이다. 간단한 산수가 먹히지 않는다. 같은 1인데 같지 않고, 2가 과연 1보다 더 큰가라는 의문도 따라온다. 이 1은 내 것인가 남의 것인가? 갑자기 숫자가 인격적인 존재로 전환되면서 기존의 규칙들을 무의미하게 만든다. 과연 어떤 규칙이길래 이렇게 숫자의 세계를 뒤죽박죽으로 만들어버리는가? 게다가 숫자는 어느 한 가지하고만 관계 맺지 않는다. 그것은 사람 목숨일 수도 있고, 축구의 스코어일 수도 있고, 흘러가는 시간일 수도 있다. 숫자가 갖는 이 엄청난 환원력과 상징성 앞에 우리는 그저 놀라며 숨죽일 뿐이다.

● **스포츠**

스포츠란 묘한 것이다. 축구를 아무리 열심히 봐도 건강이 좋아지지는 않는다. 하지만 본인은 일종의 스포츠맨이 된 것 같은 기분이 든다. 그래서 정도가 조금 지나치면 유명 선수들의 백넘버가 달린 유니폼을 사서 입기도 한다. 나는 베컴, 너는 호나우두, 이런 식이다. 스포츠가 힘을 발휘하는 것은 이렇게 주체와 객체가 교차되는 순간이다. 전쟁은 스포츠일까. 아버지 부시 때부터 전쟁이 생중계 되기 시작했다. 화면으로 보면 이런 전자오락이 없다. 그런데 갈수록 누구를 응원해야할지 알기 어렵다. 내 기억으로는 포클랜드 전쟁부터 그랬던 것 같다. 영국과 아르헨티나, 도대체 어디가 '나쁜 놈'이고 어디가 '좋은 놈'이란 말인가. 이번 전쟁도 그리 다르지 않다. 도무지 왜 싸우는지도 모르겠고, 누가 이겨야하는지도 잘 모르겠다. 상당수의 사람들은 이런 경우 '편들면 재미있을 팀'을 응원한다. 그렇게 우리는 이라크 전쟁을 관람해왔다. 김재준의 말처럼 아주 무심하게. 그러나 열광적으로.

● 김재준은 화가인가

여기에 대한 대답은 이렇다. 김재준은 '화가란 무엇인가'에 대한 당신의 생각을 테스트하는 일종의 리트머스 시험지다. 그는 어떻게 보면 화가이고 어떻게 보면 또 화가가 아니다. 그 자신이 이 문제에 대해서 별로 신경 쓰는 것 같지도 않다. 분명히 좋은 그림을 그리고 싶은 열망은 느껴지지만, 그것이 꼭 화가로서 인정받기를 원한다는 것은 아니다. 어쩌면 그의 관심은 '화가가 되지 않으면서 좋은 그림을 그리는 것(혹은 좋은 작품을 만드는 것)'인지도 모른다. 경제학이건 그림이건 김재준의 관심은 어떤 분야의 멤버쉽을 획득하는 것에 있지 않다. 그는 인간의 창의력이 어떻게 한 분야에서 다른 분야로 흐르며 끝없이 순환하는지 알고 싶어한다. '학제

간의 연구'(interdisciplinary study)란 주제는 그의 삶을 관통한다. 그래서 미술 이론 같은 경제학 이론을 만들고 싶어하고, 경제학 도표에서 시작된 그림을 그리고 싶어한다. 피아니스트였기 때문에 만물의 미묘한 농담을 이해하게 되었고, 그래서 존 시스템을 고안하게 되었다는 사진가 안셀 아담스를 연상시킨다. ("네거티브는 악보요, 프린트는 연주다."라는 말을 그는 남겼다.) 김재준은 화가인가. 그는 당신의 대답을 기다리지 않는다. – 황두진

그리고 이런 전시회와 토론 퍼포먼스도 있었다. 제목이 마음에 든다.

Very Successful!

2005 국민대학교 일반대학원 미술이론전공 기획展

2005_1117 ▶ 2005_1124   국민아트갤러리

참여작가_곽철종_김상규_김소연_김연세_김종구_김창겸_유영호_최태훈

토론 퍼포먼스

2005_1118_금요일_11:00am~01:00pm_미술(제도)로부터 어떻게
자유로워 질 수 있을까?_강수미

2005_1118_금요일_04:00~06:00pm_작가가 말하는 자신의 작품세계_정연두

2005_1119_토요일_01:00~13:00pm_그림 읽고 말하기_정준모

2005_1122_화요일_11:00am~01:00pm_피카소같이 되는 법 가르쳐주기_김재준

2005_1123_수요일_02:00~05:00pm_예술과 과학_최태만

2005_1124_목요일_10:00am~12:00pm_나의 비평 인생_이영준

전시기획_안현숙_서지형_정현미_차예지

"가장 성공적인 예술이란 무엇인가?"우리는 그것을 가늠할 수 있을까? 그리고 어떻게 하면 예술이 성공했다고 정의 내릴 수 있는가? ● 우리는 이 물음에서 전시를 시작하려고 한다. 이제까지 예술가들 혹은 기획자들이 '성공적'인 전시를 위해서 노력했고 꿈꾸어 왔던 목적은 넓게 보면 관객과의 소통의 문제이다. 하지만 관객의 눈높이에서 왜 이것이 '예술'인가에 대한 물음에 알기 쉽게 대답해준 전시가 얼마나 있을까? 그리고 예술가, 기획자, 관람자가 동등한 입장에서 예술에 대한 이야기를 토론해 본적이 있을까? 의도를 분명히 품고 있는 전시나 작품이 보여주고 있는 소중하고 절실한 내용들은 정말로 전달되고 있는 것일까?"

'Very successful!'은 예술 소통의 방식의 한 상징을 라파엘로의 '아테네 학당'에서 가지고 왔다. 모든 학문간의 연계와 모든 사람이 열띤 토론을 통해서 결론에 도달하는 이 소통방식은 우리가 목표로 하는 어떠한 층위도 없는 토론의 장이다. 우리는 이러한 아테네의 소통 방식을 상징으로 하여 '아테네 학당'을 모티브로 작가들이 작업을 한다. 또한 이 전시의 가장 큰 핵심은 관객과의 자유로운 소통이기 때문에 전시기간 동안에 작가들과 비평가, 큐레이터들과 토론을 진행하는데 이는 기존의 작가와의 대화 방식이 아니라 작가들 작품 안에서 누워서, 혹은 기대어 아주 편한 모습으로 엉뚱하지만 진지한 예술에 대한 원론적인 것 혹은 사소한 것들이라도 작가의 생각, 비평가의 생각, 관객의 생각을 거침없이 이야기할 것이다."

그리고 가장 마음에 드는 설치미술. 규모가 크다.

세종문화회관 전시실에 증권사 전광판 설치. 회사이름이 이병철 전자, 정주영 자동차, 그리고 자유로운 수많은 이름들. 이 작품은 사회학 논문이 될 것이다. 작품의 제목은 The Game.

The Game LCD전광판 400X200cm(2005)

나의 작품을 전시할 곳이 없다. 나의 작품을 갤러리 외부에 전시했다. 페이스 갤러리를 포함한 수많은 화랑과 미술관들의 외벽들. 물론 내벽이면 더 좋을 것이다. 사회비판이면서 하나의 유머.

김재준 교수 "동양화의 정신 현대미술로 번역" / (경제학부) 교수

날짜 2008.07.22 조회수 17273

『만약 수 백년 전의 동양화 대가가 요즘 부활한다면 여전히 한지에 먹으로 그림을 그릴까? 아마도 새로운 그림 재료를 보고 좋아하지 않을까? 요즘의 세상을 살면서 그가 그린 그림은 분명히 다를 것이다. 아마도 산수화를 또 그릴 것 같지는 않다 - 작가의 말 中』

그의 지적 호기심은 무한대급이다. 질문이 질문을 낳고, 답이 또 새 질문을 끌어들인다. 화가 김재준 교수. 현재 서울 가회동 갤러리소나무에서 열리고 있는 초대전 'Heart와 하트전'의 작가다. 이번 전시회 역시 그가 수년에 걸쳐 자문자답하며 얻어낸 미술적 답안의 발표회나 다름없다.

"한마디로 요약하면 '동양화의 정신을 현대미술로 번역'한 작품들입니다. 만약 내가 옛날 전통산수의 대가이면서 현대에 태어났다면 어떤 그림을 그리고 싶어질까에 대한 질문의 답이죠."

"궁극적으로, 어떤 사물이나 현상에 대해 물음과 문제의식을 갖고 질문을 던지며 풀어가는 것이 연구자의 자세죠. 그런 맥락에서보면 경제학이든 미술이든 별 다를 바가 없습니다. 즉, 그 물음과 답을 글로 쓰면 논문이 되는 것이고, 이미지로 쓰면 미술이 되는 거니까요. 두가지를 병행하고 있지만 제게는 별 부담이 없습니다. 성격상 생각이 많은 타입인데, 한편으론 미술작업이 저를 쉬게 해 주는 시간이기도 합니다."

동양화에 관심을 갖게 된 것은 2005년 국민대 박물관장이 되면서부터 일어난 일이다.

"그때 동양화를 많이 보게 됐어요. 맡은 직책상 매일 아침 유물을 보는게 일과였죠. 그런데 똑같은 그림도 자꾸 계속

보다보면 거기서도 또 얻어지는게 있어요. 어떻게보면 이번 전시회도 박물관장 시절의 경험이 준 산물이예요."

"사람들이 좋아하는 것들이요? 답은 간단합니다. 뭔가 장식성이 있으면서 동시에 약간 '심오한 척하기' 한 것들, 즉 예쁘긴 예쁜데 그냥 예쁘기만 해서도 안되고 그 뒤에 뭔가 지적인 무엇이 숨어있는 것같은 것들이죠."

국민대에서 교양교육 혁신에 대한 고민이 있었다. 미술 교육에 대해서도 많은 생각을 했었고 일부는 실천에 옮겼다.

아직도 교과서 외우니? 우리는 몸으로 체험한다!

'몸으로 표현하기', '문화공간탐방', '책읽기', '이미지로 생각하기', '통하는 커뮤니케이션', '전통생활문화 체험하기' 등 6개 강좌는 이론 위주의 수업이 아니라 학생들이 직접 체험을 하면서 배우는 수업으로 이번 학기부터 개설됐다. 새로운 방식의 수업을 접해보지 못한 학생들에게 체험 수업 6강좌를 소개하고 개선해야 할 점을 알아보기로 했다.

● **김재준&권여현 교수와 함께하는 '이미지로 생각하기'**
  나를 표현하는 방법을 배우는 수업

대학에서 다루는 학문의 80%는 언어로 이루어진다. 나머지 20%는 이미지나 몸짓이다. 그래서 사람들은 언어에 집착한다. 20%가 소홀하면 나머지도 무너지는 것을 알지 못한 채. 김재준(경제) 교수는 이러한 점을 일찌감치 깨닫고 '이미지로 생각하기'라는 수업을 개설했다. 대학이라는 곳이 지식의 배움터가 아니라 나를 표현하는 곳이란 것을 알리기 위해서 말이다.

전반적으로 수업은 학생들의 참여로 이루어지는데 김 교수의 경우 지루하지 않게 변화를 주고 반복한 작품을 소개한 뒤 학생들에게 작품을 완성하게 한다. 첫 시간에는 자신이 수집한 다양한 형태의 줄을 보여주었고 학생들로 하여금 스텝을 변형시켜 춤을 추게 하기도 했다. 어떤 시간에는 언어와 어조가 다른 노래를 들려준 후 떠오르는 이미지를 그리게 했다.

저서 '화가처럼 생각하기'와 창의성 발굴의 비밀에 대한 수많은 언론 인터뷰들 중에 하나를 소개한다.

하루 15분씩 예술과 놀고 즐겨라

화가처럼 생각하기 1·2/ 김재준 지음/ 아트북

조선일보 박영석기자 2004.09.17.

경제학자이자 시각예술가인 김재준 교수가 우리 사회 위기를 '창의성의 위기'로 진단하며 미술 작업을 통한 창의성 계발 훈련법과 자신만의 조형어법 찾기 요령으로 매일 15분만이라도 '규칙적으로 예술과 놀고 즐기라'라고 제안한다. 저자는 "창조성은 의식적 개입이 최소화했을 때 저절로 솟구친 에너지에 의해 북돋워지며, '바로 실행하기(Just do it)'가 최선책이다"라고 말한다.

미술평론가로 활동하면서 쓴 많은 미술 평론 중에서 몇 편을 뽑아 내용을 발췌해보았다.

평론 같은 글 써보기

어떤 사물을 잘 관찰하기 위해서는 그것에 관해 글을 써 보는 것만큼 좋은 것이 없다. 일반적으로 사람들은 글쓰기를 싫어하고 또 두려워한다. 평론가들의 글을 읽으면 무슨 뜻인지 잘 모르겠다는 사람도 많다. 그것은 일반인이 미술에 대한 소양이 부족한 면도 있고, 평론가가 전문가들만 생각하고 글을 써서 그렇기도 할 것 이다. 그러나 일반인을 위한 평문이 필요한 것도 사실이다. 소통이라는 주제는 현 대미술에서 중요한 사안인데 작가의 작품을 쉬운 말로 설득시킨다는 것은 중요한 의미를 가진다. 자기 자신만의 감성과 논리로 평론 같은 글을 써보자. 새로운 것이 보이기 시작할 것이다. 내게도 작가에 관한 글을 쓸 기회가 주어졌다.

이강소-예술에 있어서 자유로움에 대하여 (카이스 캘러리 전시회 도록)

안성까지 가는 길은 멀었다. 작년 추석 오전 예상 밖으로 고속도로를 꽉 메운 차를 보며 육신을 가진 인간의 부자유함에 대해 한참이나 생각했다. 약속장소에서 만난 이강소 선생의 안내로 또 한참을 달려 그의 작업실에 당도할 수 있었다. 적당한 거리를 두고 산에 둘러싸인 그만의 공간은 대단히 넓었다. 그의 작업실은 철골에 펠트 천을 씌운, 매우 기능적인 평범하고 넓은 공간이었다. 그의 작품이 빼곡이 보관되어 있고, 한쪽 구석에서 최근 작업을 볼 수 있었다.

큰 붓이 지나간 듯한 흔적, 그리고 화면 하단에 작게 그려진 집 모양의 몇 개의 선들. 단조롭다고까지 할 수 있을 정도의 회색 색조. 그러나 이런 것들이 모여 뿜어내는 느낌은 대단히 인상적이었다. 무언가 회화의 본질을 알아버린 사람이 지워버릴 것은 모두 지워버리고 최 소한의 것만 남긴 그런 느낌이었다. 아름답다고 할 수 있는 것은 아니었다. 어떤 명백한 예술적 해답을 주는 것도 아니었다. 어찌 보면 우리 인생과 예술의 본질적 질문을 관객에게 툭 던지는 그런 그림 같아 보였다. 혹시 보는 사람에게 저마다 다른 질문을 하는 것이 아닐까?그렇게 생각하니 그의 오리 그림이 의문부호(?)를 의미하는 것은 아닐까 하는 생각이 슬며시 들었다.

그의 작업실을 나와 언덕 위로 올라가자 정말 작은 한옥 집이 보인다.

서너 평이나 될까, 두 사람이 간신히 들어간 듯한, 방 하나뿐인 집에 앉아 바깥 경치를 내려다보며 "사람에게는 얼마만큼의 땅이 필요한가" 라는 톨스토이의 소설이 생각나는 것은 우연이었을까. 하루 종일 끊임 없이 던져대는 질문에 차분하게 웃으며 대답하는 그의 모습은 때로는 이웃집 아저씨같이 너무나 평범해 보이기까지 했다. 그러나 부드러운 듯 매서운 예술가의 눈을 감출 수는 없었고 겸손하지만 조용한 자신감과 에너지를 느낄 수 있었다.

그의 공간과 작업은 그 후 하나의 화두가 되어 내 머리를 떠나지 않았다. 눈이 유난히도 많이 내린 지난 겨울, 한 번 더 이강소 왕국을 방문할 기회가 있었다. 그에 대한 글과 전시회 책자를 거듭 읽어보고 서울에서 몇 차례 만나 장시간 이야기할 수 있었다. 그러나 안개에 싸인 것처럼 알듯 말듯 하였다.

그러다가 우연히 읽게 된 스트라빈스키의 음악의 시학 (the poetics of music)이 나에게 작은 깨달음을 주었다. 무슨 내용이었을까? 완벽한 자유를 주었을 때 오히려 부자유하나 나를 구속과 통제 속에 둘 때 자유롭다는 것이다.

"나의 자유는 좁은 틀 안에서 내가 어떻게 움직이느냐에 달려 있다. 그런데 그 틀은 다른 사람이 내게 부여한 것이 아니라 내가 나 자신에게 부과한 것이다. 물론 내가 나를 통제하는 틀은 매 순간 변한다. 하지만 이 구속은 남이 아니라 내가 스스로 받아들인 것이니 나는 할 말이 없는 것이다. 이 논리를 더 밀고 나갈 수 있다. 내 행동 반경을 좁게 하면 할수록, 더 많은 장애물로 나를 에워쌀수록 나는 더 자유로워진다. 그리고 그때 내 자유가 더 커지고 의미 가 깊어진다. 제약을 감소시키는 것은 나의 창조적인 힘을 감소시키는 것이다. 나에게 더 많은 제약을 가할수록 내 영혼을 옭아매는 사슬로부터 더 자유로울 수 있다.” 자유로움의 역설! 자신의 조형어법을 제한하고 자신의 생활을 통제했을 때 느끼는 예술가 의 해방감을 의미하는 것이다. 영국의 화가 라일리Bridget Riley는 자기 통제에 대해 “현대 예술제약을 가할 수 있는 자유, 어떤 제약을 가할 것인지를 자유롭게 선택할 수 있는 자유를 의미한다. 남이 정해준 제약이 아닌 자기가 정한 제약에 따라 스스로의 예술 형태를 창조할 수 있는 제약을 발견하는 것이다”라고 말했다.

명동화랑에서의 선술집 퍼포먼스에서 시작해 닭을 전시장 안에 묶어놓은 작업, 전위적 행위예술, 판화, 조각 등 모든 장르를 넘나들던 자유인 이강소가 1980년대 중반 이후 제약이 많은 평면으로 다시 돌아온 것을 나는 이해할 수 있었다. 평면에서 표현할 수 있는 가능성이 무한한데 너무 일찍 평면을 포기하는 사람이 많다는 그의 말이 떠오른다. 그는 10여 년 전 에 예술적 깨달음을 체험했을까? 자유분방하고 거친 느낌의 붓질 작업, 시간의 흐름이 느껴 지는 작업을 거쳐 그를 유명하게 만드는 데 일조했던 오리 이미지들, 그리고 최근의 작업들까지 그 작품에서 나는 평면 위에서 행해지는 퍼포먼스를 본다. 제한된 공간과 제한된 색채 에서 오히려 더 큰 자유로움을 느끼는 것이다.

이강소의 이번 전시 작품들은 새로운 경지를 보여주고 있다. 자연에서 받은 그의 느낌들이 오랜 세월에 걸쳐 정제되어 이강소 특유의 선으로 캔버스에 나타난다. 클라인 Franz Kline, 마든 Brice Marden 등 동양의 서예적 전통에 관심을 두었던 서양 대가들의 선과는 확연히 다르다. 우 리가 흔히 보는 동양화적인 선도 아니다. 자신을 드러내려는 노력은 없었음에도 더 확연한 그의 개성이 느껴진다.

과거의 위대한 예술작품은 유배지에서 많이 나왔다. 추사 김정회나 중국의 백거이(당나라 시인, 흔히 백 낙천으로 알려져 있다)가 다 그러했다. 창조적 에너지가 그들의 내면 깊이 흘러들어 많은 사람을 감동시키는 불후의 명작을 낳은 것이다. 넓은 동산 안에 있는, 방 하나뿐인 작은 한옥은 자신에 대한 통제를 상징하는 것이다. 자신이 자초한 화려한 귀양살이를 하고 있는 것일까?

오랜 수행 끝에 깨달음을 얻은 한 스님을 10여 년 전에 뵌 적이 있었다. 밤이 깊어 그만 돌아 가려는 사람들에게 하루만 더 있다 가라는 말에서, 나는 인간이 가진 본질적인 외로움 같은 것을 가슴 찡하게 느낀 적이 있다.김환기는 '예술가는 종신형을 선고받은 죄수와 같다'고 말했다. 활용한 예술은 극기와 고독의 산물이다. 수없이 반복을 거듭한 끝에 어느 날 우연히 해방감 가득한 순간이 온다는 것이다. 하지만 그 즐거움이 오는 순간을 예측할 수는 없다. 예술에서 자유로움을 느끼기 위해서는 이런 대가를 치러야 하는 것일까?

하늘을 나는 새처럼 자유롭지도 않고, 수많은 제약 속에 갇힌 주변의 보통 사람들을 우리는 매일 만난다. 그러나 이런 제약 속에서 있는 그대로 무한히 자유로울 수 있다는 역설을 나는 배울 수 있었다.

나는 사람이란 고정불변의 존재가 아니라 하나의 창조적인 과정 속에 있는 존재라고 생각한다. 창조의 결과물은 있을 수도 있고 없을 수도 있다. 사람은 원래 끊임없이 새로운 것을 만들어내는 창조적 존재이다. 항상 새로울 때만 우리는 또한 자유로울 수 있다. 작업을 하면서도 항상 새로운 것이 없을까를 생각한다는 이강소의 말에서 그가 자유로운 영혼의 소유자라는 생각이 들었다.

미술이 아름다움을 표현하는 것을 넘어선 이후 새로운 예술의 기준은 무엇일까? 자유로움이 하나의 기준이 될 수 있지 않을까? 예술가에게, 또 그 창작물을 보는 사람에게 자유로움을 주는 작품은 그리 많지 않다. 매우 드물다.

새로운 시작으로 세상을 볼 수 있게 하고 그리하여 나의 좁은 틀이 부서져나가는 그런 체험을 느낄 수 있어야 하리라. 또한 나도 알지 못하던, 내 마음 깊이 숨겨져 있던 것을 일깨우는 나를 비추는 거울 같은 작품을 우리 인생에서 몇 번이나 만날 수 있을까?

비교적 빨리 글을 쓰는 나에게 이 글을 쓰는 것은 매우 고통스러운 체험이었다. 내가 가진 기억이 희미해지기를 기다려 내 마음속에 남아 있는 껍데기는 다 벗겨버리고 알맹이만으로 쓰려고 노력했다. 다만 작가의 마음과 작품을 보는 내 마음이 다르지 않다는 것을 느낄 수 있어, 이 글과 상관없이 나는 작은 자유로움을 맛볼 수 있었다.

현대를 사는 대부분의 한국인들은 외모와 상관없이 매우 물질적이고 서양적이다. 동양적 정신세계를 이해하고 실천하는 사람이 몇이나 될까? 도를 생각하고 그린 그림에는 도가 없다고 생각한다. 구속을 극한까지 추구했을 때 자연스럽게 도가 스며나오는 것이라고 생각 한다. 서양의 대가들 그림에서 오히려 더 동양적인 정신이 느껴질 때가 많다. 톰블리CyTwombly, 로스코Mark Rothko의 작품에서 이런 정신적인 자유로움이 울려 나온다. 우리에게 침묵으로 질문을 던지는 그림이다. 자유로운 그림은 어떻게 보면 동 서양에 상관없이 동양적인 정신세계가 느껴진다.

　이강소의 최근 작업에서 나는 한국적인 정신세계의 진수를 느낄 수 있었다. 진정한 의미의 현대적 문인화라고나 할까. 그의 그림에서 나는 건축가 칸 Louis Kaln 의 명구를 떠올린다.

　"좋은 질문이 가장 훌륭한 대답보다 더 위대하다."

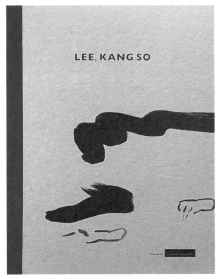

LEE, KANG SO 이강소

에바헤세, 천재의 열등감 예술로 승화

이코노미 조선 2005.04.13

나는 에바 헤세의 "It is something, it is nothing."이라는 문장에서 정말 큰 감동을 받았다. 이만큼 예술의 본질을 잘 나타낸 말이 있을까? 예술 작품이란 한편으로는 대단한 의미가 있는 것이면서 또한 아무것도 아닌 그런 것이다. 또 그렇게 보인다.

헤세는 말했다.

"의미 있는 성취를 위해서는 엄청난 힘과 용기가 필요하다. 나는 스스로 사고하는 인간이 되어야 한다. 나는 항상 이 생각을 한다."

헤세의 말을 이어 나는 예술가에 대해 이런 말을 만들어 보았다.

"I am somebody, I am nobody."

(나는 정말 중요한 사람이다. 나는 아무것도 아니다.)

설악의 거울에 비친 자화상 (열화당)

김재준 국민대교수

찰스 디킨스의 소설 「위대한 유산(Great Expectations)」을 현대로 무대를 바꾸어 만든 같은 이름의 영화가 있다. 바닷가 마을에 사는 한 소년이 화가로 성공하는 이야기가 등장한다. 여기서 에단 호크와 기네스 펠트로 같은 주연 배우들 이상으로 더 내 눈길을 끈 것은 영화 속의 독특한 인물화였다. 그림들은 모두 이탈리아 트랜스아방가르드의 대표적 화가 클레멘테 (Francesco Clemente, 1952~)가 그린 것이다. 무언가 좀 거친 듯하면서도 사람의 마음을 잡아 *끄는* 그의 인물화는 마음에 호소하는 바가 있었다. 또 화집에서 만나는 클레멘테의 다른 인물 화들, 특히 그의 자화상 시리즈는 내게 매우 인상적이었다.

클레멘테의 자화상을 보고 있노라면 자주 김종학의 화려한 꽃 그림들이 머리에 떠오르곤 했다. 아무런 연관이라고는 없는 두 화가의 그림이 왜 동시에 내 머릿속을 부유하고 있는지, 나도 이해하기 어려웠다.

내가 처음 김종학의 그림을 본 것은 1990년이었다. 현기증이 날 정도로 화려한 색깔에 아주 소박해 보이는 저 그림을 그린 화가는 도대체 누구일까. 처음에는 눈에 설었던 그림이 자꾸 볼수록 좋아지기 시작했다. 그런데 왜 그의 그림이 좋아지는 것인지, 그것도 궁금했다.

1990년대 초반에 나는 김종학의 그림을 이해하기 위해 그의 그림을 모방해서 그려 보았는데, 이미지보다는 화가의 제작과정에 주목해야 했다. 때로는 큰 붓으로 칠하고 때로는 튜브째 캔버스 위에 꾹 눌러 짜 놓은 피그먼트를 보면서, 그의 그림은 시각적이면서도 또한 촉각적이 라는 생각이 들었다. 이미지와 프로세스가 모두 중요한 표현수단이라는 것, 구상적인 것 같아 보이지만 또 한편으로는 추상적이라는 것을 느낄 수 있었다.

2002년 이인성 미술상 대구 전시회에 갔었다. 김종학의 다양한 그림들이 한자리에 걸려 있는 것을 보면서 다시 한번 그의 작품세계에 대해 생각해 볼 기회가 있었다. 고속버스를 타고 서울로 올라오는 내내, 그리고 일 주일 이상 내 머리는 그의 그림들로 가득 차 있었고, 그때 떠오른 생각들을 정리하는데도 일 년 가까이 걸렸다.

일반적으로 김종학의 그림은 꽃 그림과 설경, 두 가지로 나눌 수 있다. 그 화려한 꽃 그림을 더 좋아하는 사람도 있고 겨울 설악의 그림을 더 좋아하는 사람도 있다. 이렇게 상반된 두 가지 스타일의 그림을 한 사람이 그린다는 것이 놀랍기도 하다. 무엇이 화가로 하여금 이런 그림들을 그리게 하는 것일까. 현대를 사는 한국인들의 의식세계는 복잡하기 짝이 없다. 최준식 교수의 글에 따르면, 우리의 의식 저 깊은 곳에는 무속적인 샤머니즘의 세계가 있고 그 위를 불교가 감싸고 있다. 다시 그 위를 유교, 그리고 또 기독교가 층을 이루고 있다 한다. 그리고 가장 바깥쪽에는 소위 과학적이고 합리적인 세속적 인본주의(secular humanism)가 자리잡고 있다고 하겠다.

그렇다면 한국인의 의식세계는 마치 양파와 같다고 할 수 있다. 교육을 받은 사람일수록 바깥껍질 쪽의 의식에 주로 머무른다면, 소박한 일반 서민들의 마음에는 무속적인 정신세계가 많이 자리잡고 있다. 그러나 아무리 서양적 합리주의로 무장된 것처럼 보이는 사람이라도 은 연중에 샤머니즘이, 즉 무속의 신기(神氣)가 문득문득 의식 위로 떠오르곤 한다. 그래서 한국 인의 뛰어난 감성과 놀라운 순발력을 '신바람'이라는 말로 표현하기에 이른 것이다. 한국미의 원형은 그동안 우리가 높이 평가하지 않은, 심지어 감추려고 했던 이러한 무속적인 데서 출발 한다고 할 수 있다.

화가 김종학을 보면 먼저 선비적인 풍모와 정신세계가 느껴진다. 그러나 마음속 깊이 그가 정말 표현하고 싶었던 것은 보다 원초적이고 소박한, 샤머니즘적인 미의 세계가 아니었던가 싶다. 뉴욕 시절에 자유롭게 색채를 쓴 그림들을 보고 '나도 저렇게 색을 써 보았으면 좋겠다' 는 생각을 했다고 그는 말한다. 사십대 중반까지 서구적인 앵포르멜 작업을 하며 이름을 날리던 그가 어느 날 잠자기 설악산으로 들어가 완전히 다른 그림을 그리기 시작한다. 이것은 아마 자신이 현재 하고 있는 작업과, 아직 구체화되지는 않았지만 표현하고 싶은 작업 사이의 괴리가 주는 정신적 고통에서 도피한 것은 아니었을까.

이런 창조적 단절을 보면서 나는 미국 건축가 칸(Louis Kahm)을 떠올린다. 비교적 성공한 평범한 건축가에서 후대에 가장 큰 영감을 준 건축가의 한 사람으로 도약한 것은, 칸이 오십대가 된 이후다. 그의 인생에 획기적인 전기가 된 것은 로마에서 본 고대의 폐허였다. 그때의 감동은 '침묵과 빛 그리고 "건물을 폐허의 아름다움으로 둘러싼다"는 시적인 말에 잘 녹아 있다. 그 후 이십삼년간 그는 솔크 연구소(Salk Institute), 김블 미술관(Kimbel Art Museum) 같은 영감으로 가득 찬 많은 작품들을 남긴다.

칸에게 로마가 있었듯이 김종학에게는 설악이 있었다. 그리고 그가 찾은 해답은 우리의 자연이었다. 산과 들, 평범한 꽃과 풀과 나무, 나비와 벌과 새들을 어린이의 마음으로 순수하게 표현해낸 것이다. 김종학의 꽃 그림은 언뜻 보기에 거칠고 심지어는 지나치게 소박해 보인다. 하지만 우리 마음에 강렬하면서도 포근한 이미지를 남긴다.

이런 원시적 생명력을 나는 클레멘테의 자화상에서 느꼈던 것일까. 다소 기괴하고 감성적인 클레멘테의 자화상에는 이루 말할 수 없는 흡인력이 있다. 인간의 의식 저 깊은 곳에 있는 무의식적인, 아니 무의식을 넘어선 그 세계를 자신의 얼굴을 빌려서 나타낸다고 볼 수도 있겠다.

마찬가지로 김종학의 꽃 그림이 그의 자화상(self portraits of the psyche)이라 나는 생각해 본다. "설악이라는 거울에 비친 자화상" 이라는 말로 그의 그림을 요약할 수 있지 않을까. 거울이라는 말을 쓴 것은 평면 위에 그의 심상이 비추인다는 뜻이다. 꽃 그림과 선경 모두가 그의 몸과 마음이라고 할 수 있다.

이렇게 화려한 꽃 그림을 그리는 사람이 또 어떻게 겨울 설경을 그리는지도 오랫동안 풀리지 않는 나의 궁금증이었다. 그러다가 경제학이나 경영학에서 가끔 쓰는 분석 방법이 생각났다. 그리고 앞에서 얘기한 의식의 양파이론' 을 연결시켰다. x축을 의식의 축, 즉 무의식에서 의식으로 나아가는 방향으로 잡아 보고, y축을 표현의 축, 즉 소박함에서 보다 세련됨으로 나아가는 것으로 설정해 보았다.

그랬더니 한국인의 의식을 이런 좌표축의 평면 위에 거칠게나마 표시할 수 있었다. 무의식적이고 소박한 것을 샤머니

즘(무속)으로, 무의식적이고 세련된 것을 불교적인 것으로
(불교가 아니라 불교적이라는 말에 주의해 보자), 세련되고
의식적인 것을 유교적인 것, 의식적이고 소박한 것을 기독교
적인 것으로 분류해 보았다.

서양문명의 틀에서 보면 샤머니즘은 일종의 디오니소스적
인 것이고, 유교는 아폴론적인 것 이다. 전체적인 퍼스펙티
브를 그려 보면 동아시아 문명은 무속, 불고, 유교로 이어지
는 정신적인 틀을 가지고 있다. 반면에 유럽 문명은 헬레니
즘(그리스 로마)과 헤브라이즘(기독교)의 융합으로 볼 수 있
는데, 전자는 디오니소스적인 것과 아폴론적인 것으로 나누
어진다.

우리 현대미술도 이 틀 속에서 분류할 수 있다. 예를 들면,
윤형근의 그림은 불교적이라고 할 수 있고, 박서보의 그림은
유교적, 박수근의 그림은 기독교적이라고 할 수 있겠다. 그
리고 김종학의 화려한 꽃 그림들은 샤머니즘적인 것이라고
생각을 해 보자. 김종학의 꽃 그림을 집에 복을 불러온다는
기복적(祈福的) 의미로 해석하는 소장가들도 있으니, 무속
적인 것과 연결된다 고 볼 수 있는 또 다른 증거이기도 하다.

여기까지 생각하고 나니 클레멘테에게서 왜 김종학을 떠
올렸는지가 납득이 간다. 결국은 디오니소스와 무속이라는

같은 창조적 샘에서 흘러나온 것이기 때문이다. 다만 서로 다른 문화 배경에서 태어났기에 그렇게 다른 그림을 그리는 것이다.

김종학의 설경은 그의 꽃 그림에 비해 매우 유교적인 느낌이 든다. 초기의 그림이 보다 샤머니즘적이었다면, 시간이 지나면서 점차 유교적인 그림이 많아진다. 언뜻 보면 조선시대 선비 들의 문인화의 느낌도 든다. 그렇다면 김종학의 그림은 샤머니즘적인 계열에서 시작하여 유교적인 그림까지 폭넓은 스펙트럼을 형성하고 있다는 말이 아닌가.

평상시의 그의 의식세계가 보다 유교적인 질서 속에 머무른다면, 작품 속에서는 보다 무속적인 쪽으로 이동하고 있다. 또한 무속적인 꽃 그림을 그리다가 의식이 유교적인 쪽으로 이동 하면 차분한 설경이 나온다. 상반된 두 작품을 왕복하면서, 동시에 그리고 있는 것이다. 그러니 까 그의 마음속에는 때로는 샤먼의 축제(무당의 굿)가, 때로는 선비의 수신(修身)이 자리잡고 있는 것이다.

사실 한국인의 심성에는 이 양면성이 동시에 존재한다고 생각한다. 한때를 풍미했던 단색조의 모노크롬 회화들은 선비적인 유교적 정신세계의 이미지라 하면 어떨지 모르겠다. 이것이 서양의 추상회화들과 차별되는 한국적인 추상회화의 세계라고 해석할 수도 있지 않을까. 이런 시각에서 보았을 때 한국의 현대미술은 유교적인 그림이 많은 반면, 무속적인 그림은 매우 드물다.

김종학의 세계는 서구적 합리주의에서 출발하여 가장 내밀한 무속적인 세계로 뛰어들었다가 다시 유교적인 것을 표현해 보는 식으로, 그리고 지금의 그의 그림에는 두 세계가 동시에 표출되고 있다. 유교적인 이념으로 획일화된 사회에서 무속적인 욕망을 억누른 것이 아니라, 그가 가지고 있던 표현 욕구에 매우 정직하게 직면했다는 것은, 1980년대만 해도 대단한 용기의 산물이었음이 분명하다.

보다 구체적으로 그의 이런 다양한 작품들을 의식과 표현의 좌표 평면 위에 표시해 보았다.

화려한 꽃 그림도 여러 가지 유형이 있다. 정말 어린이의 그림과도 같은 소박한 것부터 조금 더 세련된 방향으로 전개된 것, 1990년대말에 그린 화병에 꽂힌 들꽃 들이 상당히 유교적으로 보이듯이 보다 의식적인 질서를 갖춘 꽃 그림까지 다양한 패턴들이 있다.

설경은 보다 의식적이고 차분하게 질서를 갖추고 있다. 문인화 같은 설경이 있는가 하면 말라 비틀어진 들풀들이 무의식적인 생동감을 주는 겨울 그림(pP.96-97)도 있다. 그 중간에 샤머니즘의 혼돈(디오니소스)과 유교적인 질서(아폴론)가 충돌하며 하모니를 이루고 있는 그림들을 발견한다. (p.179) 나는 이러한 그림들을 개인적으로 좋아한다.

그리고 최근의 작품들을 보면 이런 경향에서 살짝 벗어나는 몇 개의 흥미로운 그림들이 있다. 예를 들면 동해의 바다(pP.62-63), 제주의 유채꽃(p.61)을 그린 것들인데, 구상화라기보다 마치 색면(色面) 추상 같아 보이는 이 그림들은 무의식적이면서도 왠지 모르게 허무하다. 이런 그림들은 살짝 불교적이라고나 할까.

제임스 조이스의 율리시스(Ulysses),를 읽고 영국 시인 엘리엇(T. S. Eliot)은 "동시대성과 과거의 유산 사이에서 연속적인 평행선을 그리려는 의식적 조종(manipulating a continuous parallel between contemporaneity and antiquity)"이라 표현했다. 21세기의 한국인들은 민화, 목공예품, 전통 한옥, 판소리, 구음 시나위, 진도 씻김굿보다는 오일 페인팅, 현악사중주, 모던 발레, 콘크리트 건축물들에 더 익숙하다.

나는 설악산 그의 집에서 유교적 이상을 구현하고 있는 사방탁자에서부터 거칠게 다듬은 기복적인 목공예품에 이르기까지 그의 목기 컬렉션을 본 적이 있다. 김종학의 목기 수집은 그의 유화와 평행선을 그리며 삶의 균형과 불균형을 오가고 있다. 그런데 왜 그의 그림에는 이런 목기들이 등장하지 않을까. 이런 대답이 가능하지 싶다. 한국적인 아름다움을 나타내기 위해 꼭 한복 색동저고리나 장승을 그려야 하는 것은 아니고, 또 한지와 먹 같은 재료를 써야 하는 것은 아닐 것이다. 우리의 전통 고가구들을 통해 흡수된 한국적인 아름다움은 간접적으로 그의 그림에 현대적인 조형어법으로 표현되어 있다고 생각한다.

김종학은 시대의 흐름을 따라가지는 않았다. 그저 묵묵히 자신의 길을 걸어왔을 뿐이다. 가장 개인적인 것에 충실한 그의 그림에서 한국미술이 표현할 수 있는 수많은 다양성을 발견할 수 있다는 것이 놀랍기만 하다.

김종학

다빈치 스쿨: Just do Everything

김종학

김재준 개인전 "The Mind of a Collector: 미술권력의 몰락"

2020.7.15(수)~7.20(월) 인영 갤러리 3층 2전시장

- **오프닝** : 7월 16일(목) 오후 4시~7시
- **작가와의 대화** : 7월 18일(토) 오후 3시

작가로 활동중인 국민대 김재준 교수의 5번째 개인전.
"그림과 그림값", "화가처럼 생각하기", "벤야민 번역하기" 등의 저서가 있다.

이번 전시에서는 미술시장의 본질이 무엇인가에 대한 질문에서 시작하여 예술작품, 예술가, 예술권력에 대한 생각을 평면과 설치로 표현해 보았다. 컬렉터에서 창작자로 더 나아가 예술철학(미학)에 대한 질문으로 탐구해 들어가면서 발견한 것들을 보여주는 기회가 될 것이다.

이 발견은 코로나 이후의 다극화된 세상에서 미국과 유럽 중심의 미술권력이 어떻게 붕괴하고 이동할 것인지에 대해 질문을 던져 본다.

1. Pace Gallery에서의 외벽전시

"미술권력에 대한 비판은 미술계 안에서 나오기 힘들다는 생각이 든다. 외부인이 내부를 잘 알아야 하고 그 인맥에 얽혀 들지 않아야만 가능하다. 청년작가에게는 전시공간이 절대적으로 부족하다. 미술관과 대형 갤러리는 작가들에게 넘보기 힘든 공간이다. 뉴욕의 Pace 갤러리 디렉터가 내 전시회에 왔을 때 외벽전시 아이디어를 얘기했더니 왜 가고시안에만 했느냐고 농담을 던져서 그 후에 만든 것이다. 간단히 얘기하자면 이런 개념. 갤러리 안에 전시하기가 불가능하다면 갤러리 밖의 벽에 전시해 보겠다. 30분간 Pace 갤러리 외벽에 전시하기. 너풀거리는 반으로 접은 종이 2개가 나의 설치 작품. 기존의 미술 제도(institution)에 대한 저항." Berlin and NYC.

2. 1/무한대 에디션의 판화와 사진

미술작품의 희소성에 대한 의문제기. 무한히 찍겠다는 명시적 선언과 함께 1/무한대, 1235/무한대로 에디션을 표현한다. 작가 스스로 자신의 작품의 가치를 무화(無化)시키는 행위. 역설적으로 무한대로 찍겠다는 최초의 명시적 선언의 결과이기에 가치를 가진다.

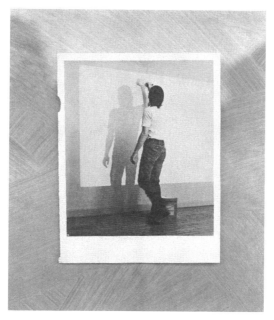

3. 서구적 창의성이라는 개념에 대한 의문 제기

뒤샹의Readymade 이후 예술가의 독창적 아이디어의 시
대, 개념미술의 부흥이 있었다. 물질적인 작품이 아니라 예
술가의 생각이 중요하다는 인식. 그러나 이 생각을 더 밀고
나가면 예술가의 소위 독창적 아이디어 자체도 본질적으로
무의미하다는 반론이 제기 가능하다.

예술가의 전시공간 안으로 기존의 기성품을 들여와 나의

예술이라고 선언하듯이

기존의 예술적 아이디어를 나의 전시공간 안으로 가져와 나의 예술이라고 선언하는 것은 왜 안되는가?

이것이 즉 Readythought의 개념이다. 이번 전시에서는 Félix González-Torres의 "perfect lovers"를 가져와서 "perfect clocks"로 명명하였다.

동시에 Carey Young's "Declared Void"를 가져와 한국적 버전으로 번역하였다.

벤야민의 번역 이론을 Readythought에 적용하여 "원작을 넘어서는 순수 언어로부터의 번역"의 의미를 전달하고자 한다. 창의성 자체에 저항하는 "비창의성"의 작품을 통해 예술작품의 유일성을 비롯한 미학적, 사회적, 정치적 맥락을 탐구해 보았다.

4. 미술권력이 붕괴하는 현실을 다음과 같이 선언문의 형식을 빌려 말하고 있다.

"비예술가 선언문 Manifesto of a non-artist

나는 재능 없음을 선택한 예술가라고 선언하겠다.

나는 모든 창의성에 저항하는 비예술가임을 선언하겠다.

나는 근대 유럽인과 그 후예들의 그리고 그 추종자들의 예술권력의 독점을 거부한다."

"From Readymade to Readythought

모두가 예술의 아우라를 나누어 가지는 지금 이 순간

예술가의 아우라는 소멸하고 예술작품의 희소성은 부정당하고

아도르노의 예언이 실현될 것이다/실현되지 않을 것이다."

디자인과 디자인싱킹

디자인과 예술경영에 대한 생각과 실천들에 대한 나의 자료를 모아 보았다.

'디자인, 브랜드…'세미나 "디자인도 국가 기반시설"

동아일보, 2001.01.05.

"디자인을 바탕으로 한 창의성을 키워야 선진국이 될 수 있다."라는 메시지를 강조하는 세미나가 5일 서울 남대문로 대한상공회의소에서 열렸다. 문화선진국만이 고부가가치 상품을 창출할 수 있으며, 특히 시각예술은 국가차원의 기반시설과 마찬가지라는 것이 세미나의 핵심 요지. 김재준 국민대 교수는 "그 나라 디자인의 세련미는 그 나라 소비자의 문화적 감수성에 좌우된다"며 "문화와 예술이 번창해야 창조성이 꽃핀다"고 강조했다. 그는 또 "풍요로운 사회에서 소비는 철저히 문화적인 것"이라며 "문화와 예술은 콘텐츠의 핵심이므로 더 이상 경제외적인 사치품이 아니라 국가경쟁력의 핵심"이라고 강조했다.

---

1. **[패널토론] 디자인과 Creative Industries (16분)**
   김석은 대표, 이순인 본부장 – 동아닷컴, 한국산업디자인진흥원

2. **[공연예술과 디자인 (34분)]**
   홍승찬 교수 – 한국예술종합학교

3. **[Creative Industry로서의 영화산업 (29분)]**
   김홍조 교수 – 한국예술종합학교

4. **[미식산업과 디자인 (14분)]**
   송희랑 원장 – 미식문화연구원

5. **[순수문화예술과 디자인 (24분)]**
   김재준 교수 – 국민대, ArtLifeShop.com 대표

6. **[패널토론] 디자인 경영과 브랜드가치 (31분)**
   김종갑 국장, 나운봉 교수, 이남식 부총장 – 산업자원부, 신라대, 국제산업디자인대학원

좋은 디자이너가 되기 위한 조건

미술 분야는 제조업에서 생산되는 각종 제품의 시각적 세련성에 직접적/간접적으로 영향을 미치기 때문에 경제적 영향력이 매우 크다고 할 수 있다. 디자인이 직접적으로 영향을 미치지만 순수 미술과 문화 유산에서도 간접적으로 영향을 받는다. 그 나라의 디자인의 세련성은 무엇보다도 그 나라 소비자의 문화적 감수성에 의해 좌우된다. 우리나라 디자

이너들에게 애로 사항을 물어 보면 좋은 디자인을 만들어도 상업성이 없다는 이유로 포기해야 되는 경우가 많다고 한다.

현대 사회에서 소비는 문화적 차원에서 진행되고 있다. 소비자들은 자신에 대한 셀프 이미지를 표현하고 라이프 스타일을 창출하고, 사회변화를 성취하기 위해 소비재와 소비 행위의 의미를 이용한다. "소비는 그 성격에 있어서 철저히 문화적인 것이다." 정보화가 진전되어 디지털 경제가 정착되면 기술보다도 개인의 창조력이 우선할 것이다.

좋은 디자인(good design)은 무엇일까? 좋은 디자이너가 만든 디자인일 것이다. 좋은 디자이너는 어떤 사람일까? 한마디로 대답하기는 어려울 것이다. 그러나 좋은 디자이너들이 갖고 있는 특성을 조사해 보면 답이 나올지 모른다. 그리고 훌륭한 디자이너가 많은 국가들의 특징을 조사해 보면 그 답이 나올 것이다.

필자는 좋은 디자이너가 되기 위한 조건으로 다음과 같은 조건을 생각해 보았다. 어떤 과학적 근거가 있는 것은 아니고 하나의 가설이라고 생각하면 될 듯하다. 첫째, 좋은 디자이너는 감각이 예민해야 한다. 섬세한 색의 차이, 미세한 선의 차이를 알아채는 능력이 기본적으로 필요하다. 둘째, 항상 새로운 시각에서 남이 보지 못하는 것을 보아야 한다. 즉 창의성이 있어야 한다. 셋째, 그 제품의 기술적 특성을 이해할 수 있는 기술 마인드가 있어야 한다. 넷째, 만족할만한 디자인이 나올 때까지 포기하지 않는 인내심이 필요하다.

좋은 디자인을 탄생시키기 위해서는 디자인에만 주력해서는 해결책이 나오지 않는다. 좋은 디자인이 나오기 위한 토양이 선행되어야 한다. 디자인 전공 학생들의 감각 깨우기 훈련이 절대적으로 필요하다. 미각, 후각, 청각이 예민하지 못한 디자이너는 시각적으로도 좋은 작품을 만들지 못한다.

필자는 미각훈련부터 시키는 것이 좋은 디자인의 첩경이라고 생각한다. 잎차, 와인은 미각 훈련의 좋은 도구이다. 오디오 평론가들 중 와인 애호가가 많고 화가들은 미식가가 많다는 것도 하나의 설명이 될 수 있겠다. 필자가 디자인 전공 학생들을 대상으로 실험을 한 결과는 상당히 실망스러웠다

인접 예술에 대한 지식과 이해가 필요하다. 김환기가 누구인지도 모르는 사람이 좋은 디자인을 할 수 있을까. 선진국의 디자인을 보면 순수문화예술에 대한 이해가 있어야 그 뉘앙스가 느껴지는 광고나 디자인을 많이 만나게 된다. 필자는 서로 다른 장르의 예술가들이 어울릴 수 있는 장이 많이 생겨야 한다고 생각한다. 화가, 조각가, 피아니스트, 테너, 무용가, 건축가, 패션 디자이너, 연극배우, 사진가, 그래픽 디자이

너, 시인, 오페라 연출가, 요리사, 컬렉터, 이런 그룹들이 모여 놀 수 있는 만남의 장이 있어야 창조성이 발휘될 수 있다. 한 분야의 전문가가 다른 분야에서는 아마추어가 되는 이런 신선한 충격 속에서 좋은 디자인도 나온다고 생각한다.

시각예술 통계에서 발견된 것은 국민소득이 높은 선진국일수록 문화 인프라가 잘 정비되어 있다는 것이다. 창조성을 이끌어 내는 제도적 장치로써의 문화 예술의 역할을 기억할 필요가 있다. 그리고 서로 다른 문화예술 분야 사이의 상관관계를 조사해 보았다. 즉 디자인 발전과 다른 예술분야의 발전이 상당히 밀접한 연관성이 있는 것으로 보인다. 그러나 보다 엄밀한 분석이 필요할 것이다.

〈표〉 상관계수 행렬

	건축가	건축물	미술가	컬렉터	고미술	디자인	패 션	사진작가	박물관
건축가	1.000	0.969	0.967	0.929	0.480	0.908	0.888	0.951	0.847
건축물	0.969	1.000	0.959	0.954	0.428	0.869	0.834	0.965	0.849
미술가	0.967	0.959	1.000	0.968	0.555	0.886	0.911	0.970	0.901
컬렉터	0.929	0.954	0.968	1.000	0.425	0.828	0.837	0.970	0.839
고미술	0.480	0.428	0.555	0.425	1.000	0.604	0.687	0.441	0.808
디자인	0.908	0.869	0.886	0.828	0.604	1.000	0.833	0.863	0.854
패 션	0.888	0.834	0.911	0.837	0.687	0.833	1.000	0.867	0.858
사진작가	0.951	0.965	0.970	0.970	0.441	0.863	0.867	1.000	0.849
박물관	0.847	0.849	0.901	0.839	0.808	0.854	0.858	0.849	1.000

우리나라의 시각예술 인프라는 예상보다 더 저조한 것으로 조사되어 경각심을 불러일으키고 있다. 국민소득이 증가하여야 문화 인프라가 건설되고 경제주체들의 문화 수준이 높아지겠지만 역으로 문화인프라의 미비는 경제성장에 걸림돌이 될 수 있다. 문화 후진국가에서 고부가가치 상품을 만들기는 거의 불가능한 것으로 보인다. 시각예술은 경제적 비중도 크지만 타 분야에 미치는 간접적 영향력이 크기 때문에 일종의 국가 차원의 인프라라는 인식의 전환, 발상의 전환이 필요하다고 생각한다. 문화, 예술은 컨텐츠의 핵심으로서 더 이상 경제외적인 사치품이 아니라 국가 경쟁력의 핵심이라는 것을 알아야 할 것이다.

한국예술경영학회 발족, 전시-공연 등 학문적 연구 2001.04.29.

한국예술경영학회가 27일 발기인대회를 갖고 공식 발족됐다.이 학회는 전시 공연 등 예술경영 분야를 학문적으로 연구하고 이를 현장에 적용하려는 연구자들의 모임으로 워크숍 개최, 논문집 발간, 홈페이지(www.artsnet.or.kr) 개설 등의 활동을 벌여 나갈 계획이다.

발기인으로는 김재준 국민대 교수, 양지연 동덕여대 겸임 교수, 용호성 문화관광부 사무관, 최은주 국립 현대미술관

덕수궁분관장, 박규형 갤러리현대 아트디렉터, 양현미 한국 문화 정책 개발원 책임연구원 등이며 회장은 한종훈 삼성문화재단 운영실장이 맡았다.

제2대 한국예술경영학회 회장이 되었다. 예술경영 전문학술지인 '예술경영연구'(2015년 한국연구재단 등재 학술지로 선정)를 년 4회 발간하고 있다.

◇◇◇◇

2002.03 　제2대 회장 김재준 / 국민대학교 경상대학 교수 취임

2002.06 　한국예술경영학회 제2회 학술심포지엄

　　　　　〈지식정보 사회에서의 예술교육 진흥방안〉

2002.12 　한국예술경영학회 제3회 학술심포지엄

　　　　　〈문화예술과 접근성〉

2003.02 　〈「문화예술교육진흥법」(가칭) 제정을 위한 건의〉

　　　　　(인수위원회)

2003.05 　한국예술경영학회 제4회 학술심포지엄

　　　　　〈문화소비와 관람객 연구〉

2003.11 　한국예술경영학회 제5회 학술심포지엄

　　　　　〈시각문화와 미술관 환경〉

예술의전당 개관 10주년 심포지엄   2003.03.17.

  (서울=연합뉴스) 이윤영 기자 = 예술의전당의 전관 개관 10주년을 기념하는 심포지엄이 17일 오후 2시 예술의 전당에서, '21세기의 예술과 아트센터'라는 주제로 열렸다. 이날 심포지엄은 김재준 국민대 교수의 사회로, 유민영 단국대 대중문화예술대학원 원장, 김순규 예술의전당 사장 등 각계 인사의 주제강연과 발표로 진행됐다. 이날 심포지엄은 21세기 아트센터의 전망과 과제, 아트센터의 문화복지 프로그램 기획방향, 아트센터의 예술과 재정간의 조율, 아트센터의 브랜드 마케팅과 관객개발 등이 논의되었다.

[문화칼럼]김재준/예술과 경제는 한집안 두가족   동아일보 2000.08.09.

  경제부총리를 지낸 분의 자녀 교육 이야기를 우연히 들은 적이 있다.

  본인이 검소한 생활을 하고 자녀들에게도 근검절약을 강조하던 분이었는데 한 달에 한 번은 온 가족이 레스토랑에 가서 양식을 먹었다고 한다. 그 이유를 사람들이 물었더니 어렸을 때부터 국제 문화적 소양을 갖춰 둬야 나중에 커서 국제무대에서 활동할 때 불편함이 없을 거라는 답이었다. 과연 그 자제들은 외국의 일류 대학에서 박사학위를 취득하고 현재 사회적으로도 크게 활동하고 있다. 사실 외국사람과 협상을 하거나 상담을 할때 나이프와 포크의 쓰는 순서, 에티켓 등에 신경쓰다 보면 정작 중요한의사전달에 전념하기가 어려운 것도 사실이다.

　문화(文化)라는 것은 일반적으로 경제적 여유가 있거나 아니면 문화수준이 높은 사람들의 전유물이라고 생각하기 쉽다. 그러나 필자가 자주 드는 한 사례가 있다. 허시혼(1899~1981) 이라는 뉴욕 빈민가 출신의 유대인 소년은 13세 때 학업을 중단하고 신문배달을 시작했다. 그는 타고난 성실함으로 마침내 광산을 가진 큰 자산가가 되었다. 문화적 소양은커녕 학교 교육도 제대로 받지 못했다. 그러나 우연히 사게 된 판화 2점이 그의 인생을 바꾸어 놓았다. 그림은 평생에 걸친 그의 열정적 사랑의 대상이 되어 40년에 걸쳐 6000점의 회화, 조각, 드로잉 등을 수집했다. 만년에 그의 콜렉터로서의 명성은 미국 영국 프랑스가 그의 소장품을 자국에 유치하기 위해 벌인 치열한 경합에서 잘 입증됐다. 마침내 존슨 대통령의 설득으로 그는 스미소니언 박물관 내의 허시혼 미술관 기공식에 참석하게되었다.

▼인터넷시대엔 관계 더 밀접▼

우리는 산업사회에서 정보사회로 진입하고 있다. 인터넷 경제에서 문화예술의 의미는 무엇일까?

이 시대의 가장 큰 특징의 하나는 멀티미디어이다. 새로운 소비자들은 책과 활자로 대표되는 텍스트보다는 시각적 이미지를 선호한다. 현대 경제는 감각적이고 조급한 이런 소비자들의 시대인 것이다. 과거에는 생산자가 제공하는 상품과 서비스를 무조건적으로 받아들였다. 하지만 지금은 소비자가 결정하는 데로 따라가야 한다. 아니면 도태하기 마련이다.

우리는 대부분의 정보를 눈에 의존하고 있다. 따라서 시각예술은 문화산업 중에서도 아주 중요한 분야라고 할 수 있다. 순수회화와 조소를 비롯한 상업적 성격의 그래픽, 패션 디자인 등 응용 예술까지 광범위한 분야를 포괄하고 있다. 이런 분야들은 그 나라에서 생산되는 각종 제품의 시각적 세련성에 직접, 간접적으로 큰 영향이 있는데도 그 경제적 영향력을 간과하는 사람이 대부분이다. 또한 음악, 연극, 무용 등 공연 예술은 지역 경제의 중요한 공헌을 하고 있다.

▼경제력 못 미치는 문화수준▼

경제성장과 문화예술의 인과관계가 분명하지는 않다. 하

지만 상당히 높은 상관관계가 있다는 것은 부정할 수 없다. 경제개발 초기에는 국민소득이 높아지면 문화의 소비가 커지는 패턴이겠지만 일정 수준 이상으로 경제력이 커지면 낮은 문화수준이 경제적 도약의 병목현상을 일으킬 수도 있다. 필자의 연구 결과에 따르면 문화예술 수준이 높은 나라가 노벨상을받는 비율도 높은 것으로 조사되고 있다.

과연 우리는 어디에 서 있으며 어디로 가야 하는가? 우리의 문화 수준은 우리 경제력에 훨씬 미치지 못한다. 질보다 양을 강조하고 무조건 빨리 하기만 하면 된다는 의식이 팽배해 있다. 외국에 살다가 최근 귀국한 대학 동창은 골프와 폭탄주가 한국 비즈니스맨의 유일한 오락인 것 같다고 한탄하곤 한다.

다양한 문화 예술적 취미와 소양 없이 국제사회에서 활동할 수 있는 문화인이 되기는 어렵다. 현장에서 익힌 지식과 감각이 중요하지만 또 한편으로 그림을 보는 안목이 얼마나 사업에 도움이 되는지 모른다. 세계적 패션 디자이너들은 건축가 미술가 무용가와 교류하면서 많은 창조적 영감을 받았다고 한다.

문화생활을 할 시간이 없다는 사람을 자주 본다. 조계산 선암사 앞 찻집에서 만난 한 다인(茶人)은 이런 사람을 만날 때마다 "그렇다면 하루에 TV는 몇 시간이나 보세요?"라고 반문한다고 한다.

김재준(국민대 교수·경제학·문화가이드 웹진 편집인)

[창간 85주년]이미지는 논리다… 현대미술은 함축된 지식의 언어 / 김재준(경제)교수 동아일보 2005-03-31 22:03

"영어를 못하는 미술가는 미술가가 아니다(AN ARTIST WHO CANNOT SPEAK ENGLISH IS NO ARTIST)."

이 문장은 지난해 말 열렸던 서울 마로니에미술관 주최의 국제교류전에 초대된 므라덴 스티리노비치라는 작가의 작품에서 따온 것이다. 이 작품은 원래 작가의 생각을 문장으로 써서 벽에 전시했던 것을 다시 티셔츠 위에 인쇄해 판매하는 것이다. 이런 작품을 개념미술이라고 부른다.

영어를 할 줄 모르면 현대미술을 할 수 없다는 것은 여러 가지 의미를 담고 있다.

첫째, 세계 미술의 중심이 어디에 있고 의미 있는 담론이 어디에서 생산되고 있는가를 나타내고 있다. 우리는 흔히 프랑스를 예술의 나라라고 생각하지만 그것은 50년 전 이야기다. 정말 새로운 예술적 아이디어는 뉴욕-런던-베를린으로 연결되는 축에서 만들어진다. 네덜란드 스위스 등 영어가 모국어이거나 영어 해독능력이 뛰어난 곳에서 창조적 산물이 나오고 있으니 영어를 모르면 세계적 예술가가 되기 어렵다는 말이 나온다.

둘째, 커뮤니케이션 능력의 중요함이다. 혼자 작업실에서 작업에만 몰두한다고 좋은 작품이 나오는 것은 아니다. 자신의 생각을 다른 사람에게 보이고 비판받고 토론하는 과정에서 좋은 작품이 나온다. 특히 다른 분야의 예술가와 어울리며 서로 영향을 주고받을 때 새로운 작업의 영감을 찾을 수 있다. 영국 런던이 대표적인 예다.

셋째, 미술은 우리의 생각 이상으로 매우 지적인 작업이다. 감성으로만 현대미술에 접근할 때 당황할 수밖에 없다. 작품 뒤에 숨은 자기성찰적 생각, 자신의 조형어법을 풀어나가는 구조적 통찰력 이런 것이 중요하다. 모든 현대예술은 언어적이라고 한다. 간략하고 함축적인 언어로 자신의 작업을 바꾸어 표현할 수 있어야 한다. 세계적인 미술가들을 보면 작품의 제목을 참 잘 붙인다는 생각이 드는 것도 우연이 아니다.

미술관에서 보는 그림들은 인상파 까지만 편안하다고 한다. 과거의 미술이 눈으로 이해하는 것이었다면 지금은 머리로 이해하는 미술이다. 비엔날레에 전시된 작품을 이해하려고 애쓸 것이 아니라 작가가 어떤 질문을 던지는지를 생각해 보자.

생각은 언어로만 하는 것은 아니다. 언어와 이미지로 하는 것이다. 이미지로 생각하는 법을 터득하는 것은 창조적인 작업에 정말 중요하다. 필자가 만나본 많은 세계적인 학자들은 이미지로 자신의 생각을 표현하는 데 능숙했다. 미술이 대학교 교양필수 과목이 되면 어떨까 상상해 본다.

또한 현대미술을 진정으로 즐기려면 스스로 작가와 평론가가 되어 보는 사고의 전환이 필요하다. 동서양의 미술사, 문학, 철학 등 다른 예술 분야의 폭넓은 지식이 작품을 이해하는 데 중요하다. 서양미술사의 많은 걸작들이 과거의 거장들로부터 영감을 받았다. 그 창조적 과정의 역사적 맥락을 이해하는 것이 중요하다. 또 한 시대를 풍미한 미술, 음악, 문학, 건축들은 서로 영향을 주고받으며 하나의 흐름을 형성하고 있다. 평범해 보이는 그림 하나를 이해하기 위해 읽어야 할 책의 숫자는 사실 상상을 초월한다. *김재준 국민대 교수·경제학*

박물관장으로 재직하면서 연 전시들도 기억에 남는다.

설촌(雪村) 고문서의 여덟 번째 변신, '오백년 전 관청이야기'

조선시대가 5백년이라는 긴 왕조를 지속할 수 있는 힘은 무엇일까? 이에 대한 답을 주는 특별 전시가 지금 박물관(관장:김재준(경제)교수)에서 진행 중이다. 조선시대의 행정체계와 관료의 모습을 오는 12월 9일까지 '오백년 전 관청이야기-조선의 행정문서' 특별전을 통해 만나볼 수 있다.

설촌고문서가 여덟 번째 옷을 갈아입고 새로이 선보이는 이번 특별전은 1977년 4월 송종극 씨가 일괄 기증한 여산 송씨(설촌 송시철)의 고문서 4천 500여 점을 활용한 8번째 기획전이다. 우리 학교 박물관의 자랑이라고 할 수 있는 설촌고문서는 모든 유형과 종류를 망라하고 있으며 전국적으로 분포된 특징이 주목돼 학술적으로나 교육적으로나 그 가치가 더욱 빛난다.

뉴스플러스. 한자의 다양한 가능성 모색_漢字와 typography 전시회 2006.05.21

얼마전 아주 색다른 전시회가 조형대학내 조형갤러리에서 열렸다. 시각디자인학과 교수진외 금속공예학과 금누리 교수와 김재준 박물관장이 모여 한자를 이용한 다양한 시도와 가능성을 보여준 〈한자와 타이포그래피〉가 그것이다. 한자라는 테두리안에서 각자의 전문분야와 개성을 느낄 수 있는 작품들이었고, 한자세대가 아닌 학생들에게는 신선한 충격을 주는 계기가 된 전시였다. 그동안 조형갤러리는 조형대학과 대학원생들의 작품을 전시하는 것으로 이용 되어왔다. 그런데 이곳에 한 명의 교수도 아니고, 7명의 교수가 모여 전시회를 여는것은 특이할 만한 일이다. 이번 전시기획의 주축이 되었던 김양수 교수(시각디자인)를 만나 자세한 이야기를 들어보았다.

 _____ INTERVIEW

Q. 이번 전시회를 열게 된 취지는?

A. 한자는 중국에서 기원한 남의 나라 글자지만 우리의 생활과 정신세계, 여러 문화에 많은 영향을 끼쳤다. 그러나 교육 문화정책이 변함에 따라 한자에 대한 인식이 많이 변해 세대마다 느낌이 다르고 사람마다 가지고 있는 시각이 다르다. 또한 한국에서는 중국, 일본보다 한자에 대한 재생산, 재해석, 재개발이 잘 되고 있지 않다. 우리 정신문화에 중요한 축을 가지고 있는 한자에 대한 관심과 함께 한자가 새롭게 발전 할 수 있는 가능성을 모색하고자 이번 전시회를 기획하게 되었다.

Q. 모여서 전시를 한 계기가 있다면?

A. 김재준 박물관장이 박물관에 소장하고 있는 사료를 보여주고 그것

들과 함께 한자가 발전할 수 있는 시도를 보여주고자 타이포와 관련 있는 시각디자인학과에 제안을 해왔다. 3월초부터 전시기획을 잡고 각자 하나씩 작품을 만들자고 의기투합하여 두 달여 정도 준비를 했다. 나는 랜덤한 디지털스타일, 정재욱 교수는 3D, 이준희 교수는 애니메이션, 하준수 교수는 감성적 영상을 그리고 시각디자인학과는 아니지만 '금누리'체등 한글 조형성에 대해 많이 연구한 금누리 교수의 실험적인 정신을 볼 수 있는 작품과 김재준 박물관장의 현대적 캘리그래피 등 한자에 대한 다양한 관점을 보여주는 계기가 되었다.

Q. 외부전시장이 아닌 교내 조형갤러리에서 전시를 했는데?

A. 내부에서 처음 모여서 하는 것이라 모든 것이 불확실했었다. 서로 너무 다른 분야이고 옛날 주제이지만 이번 전시를 통해 나름대로 성과가 있었다고 생각한다. 더 업그레이드 하고 다듬어서 후에 외부전시도 계획 중이다. 너무 심각하지 않게 가능성과 새로운 것에 대해 시도하면서, 재미있게 하려고 노력하고 있다.

Q. 학생들이 이번 전시를 보고 어떤 점을 느끼길 바라는가?

A. 우리가 가지고 있는 문화적인 자산들은 현재와 미래에 맞게 컨텐츠로 발전시킬 수 있다. 우리 문화에 대한 관심과 기존문화를 재생산할 수 있는 동기부여의 기회가 되었으면 좋겠다.

이번 전시로 인해 앞으로도 이러한 기획전시가 교내외에서 많이 활성화되는 계기가 되길 바란다.

예술의 전당 한가람 디자인 미술관 교사워크숍
워크숍 개요

『물체중심학습』은 학교 교사와 뮤지움 에듀케이터를 대상으로 뮤지움 교육의 핵심분야인 '물체중심학습'을 소개하고 체험할 수 있는 기회를 제공하고, 일상생활에서 만나게 되는 사물에 대해 관찰하고, 적극적으로 사고하면서 주변환경을 더 풍부하게 바라볼 수 있는 시각을 형성하고, 학교교육과 차별화 되는 뮤지움 교육의 특징과 방향성을 모색한다.

강연자

김재준(국민대학교 경제학부 교수, 국민대 박물관 관장),
김상규(한가람디자인 미술관 학예실장), 김이삭(미술관교육 전문가,
헬로우뮤지움 대표, 미국국립현대미술관 근무),
김수연(교육연극 전문가, 헬로우씨에터 대표, 독일베를린예술대학)

일시

물체중심학습 1 (물체와 해석): 2006년 5월 17일(수) 15:00~18:00
물체중심학습 2 (물체와 표현): 2006년 5월 24일(수) 15:00~18:00

좋은 디자인을 하기 위해서는 좋은 디자이너가 되어야 한다. 창의적인 디자이너가 되는 가장 좋은 방법은 타르코프스키의 영화를 보는 것이다. 정말이요? 나는 그렇게 믿는다.

타르코프스키의 《안드레이 루블료프》 Андрей Рублёв

추락과 파국으로 곤두박질치는 서막

타르코프스키는 1970년 9월 1일자 그의 일기에 "〈루블료프〉를 솔제니친에게 보여주고 싶다. 쇼스타코비치에게 한 번 이야기해보는 것이 어떨까?"라고 쓰고 있다. 그는 솔제니친에게 〈루블료프〉를 보여줄 수 있었을까? 타르코프스키는 〈루블료프〉를 통해 솔제니친에게 과연 무엇을 보여주고 싶었을까? 영화 〈안드레이 루블료프〉는 먼저 추락과 파국에서 시작한다. 한 사나이가 쪽배를 서둘러 저어 강을 건너와서 피륙과 천으로 짜 만든 기구를 조립하여 그것을 타고 서둘러 하늘로 오른다. 그리고 그는 끝없는 벌판과 그곳을 가로질러 반짝이며 굽이쳐 흐르는 강물들, 그 위를 지나는 작은 배들, 돌로 지은 성당, 작지만 아름다운 그 땅의 마을들을 굽어보고, 뛰노는 말과 바람의 자유, 해탈, 행복을 맛본다. 그러나 그것도 잠시, 강을 건넌 기구가 펄에 처박히며 모든 것이 끝난다. 18세기까지는 기구가 아직 발명되지 않았었다. 그럼에도 불구하고 타르코프스키는 15세기 러시아 성화상 화가인 안드레이 루블료프의 생애를 다루는 영화의 서막을 이렇게 터무니없이 시작한다. 왜일까? 하늘에서 땅으로, 자유, 해탈, 행복에서 그 모든 것들이 파국으로 곤두박질치는 서막을 통해 무엇을 표현하고 싶었을까?

실락원에서의 추락과 파국! 그리고 그 사건이후 다시 낙원으로 돌아가려는 인간의 꿈들과 더불어 일어난, 알려지지 않거나 잊혀진 수많은 인간적 파국과 절망을 타르코프스키는 이렇게 극화했던 것이다.

또 감동적인 말을 만났다. 자, 내 얘기를 들어 봐. 동방정교에서 그리스도는 완전한 신이며 동시에 완전한 인간이다. 이건 카톨릭과 개신교에서도 마찬가지 아니오? 그렇죠, 그런데 이후의 해석이 독창적입니다. No Theosis without Kenosis. 신의 세속화secularization에 의한 인간의 신성화 deification. 먼저 신이 스스로의 신성함을 버리고 유한한 인간 속으로 들어 왔기 때문에 인간이 신성한 것과 연결되며 신과 하나가 될 수 있다. 이런 표현도 가능하다. "육신으로 하여금 말씀이 되게 하기 위하여 먼저 말씀이 육신이 되게 하셨다." 성화상icon을 그릴 수 있는 것이 이 교리를 통해서이다.

추락해야 다시금 상승하지 않겠는가? 신이 인간이 되어야 그 후에 인간이 신이 될 수 있다.

영화 '안드레이 루블료프'는 그의 그림이 어떻게 탄생했는가를 보여준다. 몽고군의 무차별한 살육이 진행될 때 그는 자기 자신에게 하나의 화두를 던진다. 붓으로 인간을 구원할 수 있는가. 그는 붓을 던지고 방랑의 길에 오른다. 자신의 눈 앞에서 진행되는 살육을 바라보며 그는 극한의 고통을 체험한다. 마침내 자신이 저지르는 또 하나의 살인으로 괴로워하며 그 절망 속에서 인간의 언어를 포기하고 침묵을 지킨다. 마침내 그는 하느님을 만나 빛나는 예술의 세계에 도달한다. 영화는 흑백으로 진행되다가 마지막에 그의 그림들을 칼라로 보여주면서 끝을 맺는다. 타르코프스키는 '안드레이 루블료프'를 만들면서 자신의 처지를 거기에 동일시했는지도 모른다. 인간이 어떻게, 그것도 나약해 보이는 한 인간이 어떻게 세계를 구원할 수 있는가는 그의 영화의 끝임없는 고민거리였다.

극중에는 두 명의 예술가가 나온다. 성화가인 안드레이 루블료프와 종을 만드는 어린 소년 보리스카만이 그 주인공들이다. 루블료프는 살인자가 돼 방황하다가 어린 소년 보리스카만을 만나 구원을 받는다. 종을 만드는 장인들이 전염병으로 모두 죽고 장인 니콜라이의 아들 보리스카만 살아 남았다. 이 소년은 단지 살기 위해 아버지에게서 종을 만드는 법을 전수 받았다고 거짓말을 한다. 1년에 걸쳐 종을 만드는 대역사가 소년의 지휘를 받는다. 비법을 알 리 없는 소년은 자신의 정체가 탄로날까봐 공포에 떤다. 종이 완성되는 날 종소리가 나지 않으면 그는 사형에 처해질 것이다. 종이 완성을 향해 나아갈수록 그만큼 죽음이 다가오고 있다는 것을 소년은 안다. 루블료프는 이 소년의 절대적 고독과 두려움을 처음부터 끝까지 지켜 본다. 마침내 종이 완성되고 대공을 비롯 모든 마을 사람들이 모여든다. 소년의 두려움은 절정에 이르고 탈진하여 쓰러지기 직전이다. 자, 종이 울렸다고 생각하는가? 난 스포일러라는 말을 믿지 않는다. 그래서 여기서도 그냥 결과를 공개하겠다. 간절한 마음으로 만든 종에서는 맑고 우렁찬 소리가 울려 퍼진다. 기적이다. 할렐루야.

소년은 진흙바닥에 주저앉아 온몸으로 전율하며 흐느낀다. 소년이 루블료프에게 말한다. "나는 아버지에게 아무 것도 배운 것이 없어요. 그 늙은이는 비밀을 안고 무덤으로 들어갔어요." 아, 이 때 진정 감동적인 말이 나온다. 루블료프는 소년을 감싸 안으며 13년간의 침묵을 깨고 입을 연다.

"가자, 가서 나는 그림을 그리고 너는 종을 만들자."

"보지 않고도 믿는다. Nicht sehen und doch glauben. 여기에 믿음의 신비가 있다. 루블료프는 소년으로부터 이것을 배웠다. 이 소년은 아무것도 배운 바가 없었지만 믿음을 가졌다." 모든 믿음은 믿을 만 하기 때문에 믿는 것이 아니라 믿을 수 없음에도 불구하고 믿는 것이다. 이 말은 이렇게 바꾸어 써야 한다. 믿을 수 없기 때문에 나는 믿음을 가졌다.

또 이렇게 말해야 한다. 나는 아무런 재능이 없기에 내가 훌륭한 예술가가 될 수 있을 것이라 믿었다. 마치 아브라함이 이삭을 죽이라고 하는 야웨를 끝까지 믿는 것 같이 예술가는 도저히 믿을 수 없는 것을 끝까지 믿는 사람인 것일까? 그렇게 믿는 사람들 중에서 극히 일부를 신은 선택을 할 것이다. 이런 생각이 들었다. 자신에 대한 믿음이 없이 예술이 탄생하지는 않지만 그 가능성을 믿는 사람 모두에게 신은 선물gift을 주지 않는다.

The Sacrifice (Swedish: Offret)

영화 〈희생〉 (1986)은 안드레이 타르코프스키의 마지막 작품. 영화 〈희생〉의 첫 장면: 알렉산더가 그의 생일 날 아침에 어린 아들 고센과 함께 강가의 들판에 죽은 나무 한 그루를 심는다. 고센은 실어증에 걸려 말을 하지 못한다. 아버지는 아들에게 중세의 한 수도승에 관한 이야기를 들려준다. 한 수도승이 산 위에 있는 죽은 나무에게 하루도 쉬지 않고 3년 동안 물을 꾸준하게 주었더니 다시 살아나 꽃이 만발하였다. 알렉산더의 생일 축하 전보를 배달하는 우편배달부 오토가 "희망은 존재하지 않지만 진정 믿으면 언젠가는 이루어질 수 있다."고 말한다. 이 나무가 다시 살아날까? 키에르케고르는 절망의 반대말이 희망이 아니라 믿음이라고 말했다.

3차 세계대전 발발을 알리는 방송이 들린다. 모두가 공포에 질린다. 알렉산더는 처절하게 신을 향한 기도를 한다. "신이여, 저의 모든 것을 다 바치겠습니다. 그리고 앞으로 벙어

<u>리로 살겠습니다. 삶의모든것을 포기하겠으니</u> 모든 것을 이전의 상태로 되돌려주시고, 저의 두려움을 없애 주시기 바랍니다. 저의 이런 소망을 들어주신다면 약속한 모든 것을 지키겠습니다."

우편배달부 오토는 엉뚱한 해결책을 제의한다. 알렉산더의 하녀인 마리아만이 이 모든 재앙과 절망을 끝낼 수 있는 인류 최후의 희망이다. 그러니 바닷가 저편 마리아의 집으로 가서 알렉산더가 그녀와 동침해야 한다. 그 순간 소원을 빌면 이 불행을 끝낼 수 있다.

핵전쟁으로 황폐해진 거리를 우왕좌왕하는 사람들이 모노크롬 화면으로 등장한다. 성모 마리아가 신의 은총으로 예수를 낳았듯이, 하녀 마리아와의 동침으로 알렉산더의 몸에 신성이 깃들게 되었다. 이를 통해 인류의 절망을 극복할 수 있다. 그러나 …… 문득 알렉산더는 잠에서 깨어난다. 제3차 세계대전 핵전쟁의 악몽은 그저 꿈이었나?

그러나 알렉산더는 기도를 통한 신과의 약속을 이행하려고 한다. (꿈 속에서의 약속도 지켜야 하나?) 가족들이 산책을 나간 사이에 가구들을 한군데 모아 놓고 불을 붙인다. 화염에 휩싸여 집은 활활 타고 있다. 알렉산더는 신에게 자신의 약속을 지켰다. 집을 불태운다는 것은 나의 행복을 버리는 자기희생을 말한다. 알렉산더는 가족들에 의해 강제로 병원차에 실려 가게 되고, 그의 뒤를 하녀 마리아가 자전거로 쫓아 간다.

영화 〈희생〉의 마지막 장면: 실어증을 극복하고 말을 하게 된 알렉산더의 어린 아들 고센이 죽은 나무에 물을 주기 시작한다. 마치 3년 동안 매일매일 산 위의 죽은 나무에 물을 주어 꽃이 피게 했던 중세의 수도승처럼. 고센은 나무 밑에서 독백조로 묻는다. "태초에 말씀이 있었다는데 아빠, 왜 그렇죠?" "In the beginning there was the word" he says. "Why is that, Papa?". 나무 가지 너머로 강물이 반짝이고 있다. 이때 〈마태수난곡〉 제47곡인 '주여, 저를 불쌍히 여기소서.' Erbarme Dich mein Gott, JS Bach BWV 244. 그리고 '희망과 확신을 갖고 이 영화를 만듭니다.'와 '나의 아들 앤드류사에게'라는 안드레이 타르코프스키의 헌사가 자막으로 떠오른다.

음악과 오디오

100년 만에 부활한 마태수난곡 (Matthäus-Passion BWV.244)

요한 세바스티안 바흐(Johann Sebastian Bach, 1685~1750)는 음악의 아버지로 존경받는 음악가이다. 음악의 어머니로 불리는 게오르크 프리드리히 헨델(Georg Friedrich Handel, 1685~1759)과는 공교롭게도 같은 해에 태어났다. 서양 고전음악이 전부 사라진다고 해도 바흐의 평균율 클라비어 곡집만 남아 있으면 다시 만들 수 있다고 말할 정도로 바흐의 음악은 그 뿌리가 된다. 바흐의 음악은 넓고 깊어서 시대에 따라, 개인에 따라 느낌이 다르다. 300년이 지났어도 들을 때마다 새로운 감동을 얻는 것은 그의 작품이 많은 해석을 포용할 만큼 큰 그릇이라는 반증이 된다. 베토벤이 바흐를 일컬어 '작은 개울이 아니라 드넓은 바다'

라고 찬미한 것이 생각난다.

바흐가 1723년부터 1750년 운명할 때까지 27년간 오르간 연주자로, 합창 단장으로, 부속학교 교사로 봉직하던 라이프치히의 성 토마스 교회의 2층에는 그가 사랑하던 파이프 오르간이 있었다. 그 주위에는 5~60명의 합창 단과 30명 정도의 오케스트라가 들어설 수 있는 계단식 공간이 있었다. 이 공간을 고려하여 작곡한 것이 마태수난곡이다.

종교음악을 대별하자면 예배를 드릴 때 연주되는 미사곡과 연주회 형식으로 연주되는 수난곡과 오라토리오가 있다. 수난곡은 성서 중 복음서에 기초 한 예수의 십자가상의 모습을 묘사한 극음악을 말한다. 바흐는 5편의 수난 곡을 썼으나, 현재 연주되는 곡은 마태수난곡과 요한 수난곡 뿐이다.

마태수난곡은 바흐가 44세(1729) 때 신약의 마태복음에 근거하여 약 3년에 걸쳐 작곡한 대곡이다. '수난의 코랄'이라고 불리는 선율이 곡 전체를 통해 다섯 번이나 반복된다. 그 때 마다 비극적인 농도가 점점 짙어지는 놀라운 기법을 사용하였다. 바로크 시대 종교음악의 백미로 인정받는다.

그러나 바흐가 살아 있을 때는 오르간의 명연주자로 높은 평가를 받았을 뿐 작곡가로서는 인정을 받지 못하고 있었다. 프리드리히 황태자가 바흐에 게 보석반지를 선물한 것도 그의 훌륭한 연주에 감탄한 결과였다. 당대의 작곡가로는 라인케이나 쿠나우 같은 사람이 유명하였다. 따라서 바흐의 사망과 함께 그의 작품도 거의 잊혀져 버렸다.

바흐가 마태수난곡을 작곡하고 초연한 성 토마스 교회 앞뜰 한쪽에는 멘델스존이 1843년에 세운 바흐 기념물이 서있다. 이것이 역사상 최초로 건립된 바흐 기념물이라는데 의미가 깊다. 멘델스존은 마태수난곡을 발굴하여, 바흐를 오늘날 추앙받는 음악의 아버지로 부활시킨 사람이기 때문이다.

20세의 젊은 음악인 멘델스존은 바흐의 마태수난곡을 직접 지휘하여 성공적으로 연주하였다. 1829년 베를린에서 일어난 일이다. 장중하면서 기품 있고 극적이면서 낭만적인 이 곡은 음악 애호가와 비평가들에게 탄성을 불러 일으키기에 충분했다. 바흐를 재인식하는 도화선이 된 이 연주는 바흐가이 곡을 초연한 1729년에서 꼭 100년 후의 기적이다. 만일 멘델스존이라는 천재가 없었더라면 바흐는 지금 음악사에 어떤 위치를 차지하고 있을까? 역사의 가정이란 참으로 흥미로운 것이다.

The Sacrifice (Swedish: Offret) is a 1986 Swedish film directed by Andrei Tarkovsky. 영화〈희생〉(1986)은 안드레

이 타르코프스키의 마지막 작품.

영화〈희생〉의 첫 장면: 알렉산더가 그의 생일 날 아침에 어린 아들 고센과 함께 강가의 들판에 죽은 나무 한 그루를 심는다. 고센은 실어증에 걸려 말을 하지 못한다. 아버지는 아들에게 중세의 한 수도승에 관한 이야기를 들려준다. 한 수도승이 산 위에 있는 죽은 나무에게 하루도 쉬지 않고 3년 동안 물을 꾸준하게 주었더니 다시 살아나 꽃이 만발하였다. 알렉산더의 생일 축하 전보를 배달하는 우편배달부 오토가 "희망은 존재하지 않지만 진정 믿으면 언젠가는 이루어질 수 있다."고 말한다. 이 나무가 다시 살아날까?

영화〈희생〉의 마지막 장면: 실어증을 극복하고 말을 하게 된 알렉산더의 어린 아들 고센이 죽은 나무에 물을 주기 시작한다. 마치 3년 동안 매일매일 산 위의 죽은 나무에 물을 주어 꽃이 피게 했던 중세의 수도승처럼. 고센은 나무 밑에서 독백조로 묻는다. 태초에 말씀이 있었다는데 아빠, 왜 그렇죠? "There was the word. Why is that, Papa?" 나무 가지 너머로 강물이 반짝이고 있다. 이 때〈마태수난곡〉제47곡인 "주여, 저를 불쌍히 여기소서. Erbarme Dich, mein Gott" 그리고 '희망과 확신을 갖고 이 영화를 만듭니다.'와 '나의 아들 앤드류사에게'라는 안드레이 타르코프스키의 헌사가 자막으로 떠오른다.(나의 알로샤의 평화를 빈다.)

Erbarme dich, mein Gott,	Have mercy, my God,
um meiner Zähren willen!	for the sake of my tears!
Schaue hier, Herz und Auge	Look here, heart and eye
weint vor dir bitterlich.	cries before you bitterly.
Erbarme dich, mein Gott.	Have mercy, my God.

영원한 이방인 말러(Mahler)

20세기 새로운 음악의 길을 터놓은 선구자, 낭만주의 전통의 마지막 작곡가, 구스타프 말러(Gustav Mahler, 1860-1911)는 지휘자로서의 바쁜 일정 속에서도 교향곡 11곡, 가곡 40곡, 칸타타 1곡을 남겼다. 스스로 자기를 '휴가의 작곡가' 라고 말할 정도로 본업은 지휘자였고 여름 휴가철에만 창작할 수 있는 기회가 주어졌다. 그의 작품이 오랜 세월을 두고 과소 평가되어 왔던 이유 중의 하나는 물론 다른 요인들도 있었겠지만 연주와 작곡이라는 이중적인 삶을 살았기 때문일 것이다.

하나 만의 선택이라는 고정관념의 벽은 말러에게 의미가 없었다. 말러의 음악은 성악과 기악의 경계를 철폐하였다고 보아도 좋을 것이다. 교향곡과 가곡은 서로 넘나들 수 있는 관계를 맺고 있다는 것에 주목한 필요가 있다. 그의 교향곡 중 반은 성악이 직접 들어가고 그렇지 않은 경우라도 가곡적인 색채를 띠고 있다. 가곡적인 선율에서 교향곡이 발전하였다 해도 과언은 아닐 것 같다. 한편 그의 가곡은 오케스트라로 반주되는 경우가 많다. 일반적으로 가곡은 피아노로 반주되어 왔다는 것을 고려할 때, 그의 가곡 속에는 오케스트라가 공존하고 있는 것이다.

그에게는 좁은 의미의 이것과 저것이라는 구분은 편협한 선 긋기에 불과 한 것이었다. "자연 전체가 하나의 소리를 낸다"고 생각했기 때문이다.

이렇게도 스케일이 방대한 말러는 보헤미아의 칼리수트에서 게르만계 유태 상인인 베른하르트 말러의 14형제 중 차남으로 태어났다. 그는 유태인이면서 그들 조상 대대로 적대시해 온 그리스도교인이기를 원했다. 마침내 37세 되던 해에 카톨릭으로 개종하였다. 예수의 삶과 가르침 뿐 아니라 카톨릭의 신비주의와 종말론에도 깊이 빠져들었다. 그러나 근본이 유태인이 였기에 그리스도교 사회에 융화하려는 그의 노

력은 수포로 돌아갔다. 그는 설 자리를 잃은 쓸쓸한 심경을
다음같이 토로했다.

'나는 삼중으로 고향이 없는 사람입니다. 오스트리아 사람
들 중에는 보헤미아 사람이고, 독일인들 중에는 오스트리아
인이고, 세계에서는 유태인입니다. 어디를 가나 이방인이요.
어디에서도 환영을 받지 못합니다.'

사랑에 있어서도 그는 편히 쉴 수 있는 항구를 찾지 못한
것 같다. 함부르크와 빈에서 지휘를 하면서 미인 가수에 대
한 정열로 물의를 일으켰다. 세번에 걸쳐 실패한 연애를 경
험했다. 이 때의 아픈 상처에 착상한 작품이 바로 그의 초기
작품인, '칸타타 탄식의 노래(1880)', 가곡집 '방황하는 젊은
이의 노래(1884)' 그리고 '교향곡 제1번 (1884~1888)' 이다.

1901년 이미 불혹의 나이가 지난 41세에 알마 쉰들러
(Alma Schindler)라는 재색을 겸비한 여인과 결혼하게 된
다. 그녀는 쳄린스키에게 작곡을 배우고 쇤베르그와도 음
악적 교류를 했다. 남자를 매료시키기에 충분한 미모와 재
기 발랄함은 부부사이에 여러 번 위기를 맞았다. 알마는 말

러가 타계한 후 빈의 3대 화가인 오스카 코코슈카 (Oskar Kokoschka, 1886-1980)와 사랑하면서 '폭풍의 신부(The Bride of the Wind, 1914)'이란 주제로 그림을 그리게 했다고 전한다. 말러와 친분이 있던 대 건축가 발터 그로피우스와 재혼, 다시 소설가 프란츠 벨페르와 재혼하기도 했다.

1907년 딸이 사망하고, 알마와의 갈등이 심화되고, 설상가상으로 빈 시민들 사이에 유대인 배척운동이 싹트는 것을 감지한 말러는 뉴욕의 오페라 극장으로 자리를 옮겼다. 휴가철을 제외하고는 유럽 땅을 밟지 않았다. 인생과 음악을 동일시했던 말러에게 그의 소속감의 결여는 작품에 많은 영향을 미쳤다. 그의 교향곡들은 그가 겪은 인간으로서의 고통과 지병(심장병)으로 인한 죽음에 대한 공포의 기록일 뿐 아니라, 신과 인간이라는 본질적인 문제와 사후(死後)의 유토피아에 대한 해답을 찾아 방황하는 과정이 담겨있다.

말러에게 친구이며 스승으로 따르고 존경할 수 있는 브루크너(Anton Bruckner, 1824~1896)와의 유대는 특기할 만하다. '(브루크너와의 친교는)예술가로서, 인간으로서, 나 자신의 발전에 지대한 영향을 미쳤다. 그래서 나는 나 자신을 그의 제자라고 부르고 싶다. 그리고 언제까지나 그 분에게 감

사하는 마음을 지니고 있을 것이다.'

말러와 브루크너는 19세기 말 교향곡을 새로운 형태로 발
전시킨 위대한 음악가들이었지만 두 사람은 인간적으로나
음악적으로나 대조적이었다. 브루크너의 선율에서 경건함과
평온함을 찾을 수 있다면 말러의 음악에서는 갈구하는 고통
과 두려움을 느낄 수 있다. 말러의 제자 브루노 발터는 두 사
람의 차이를 이렇게 지적했다.

'브루크너는 이미 신을 찾았고, 말러는 끊임없이 신을 찾
고 있다!'

시대를 앞서 간 말러(Mahler)

"My time is yet to come"

대중들이 말러를 장편의 교향곡을 즐겨 쓰는 천재 지휘자
로 인식하고 있는 반면, 말러 자신은 지휘하는 일에 많은 시
간을 할애 할 수 밖에 없는 작곡가라고 생각하고 있었다.

말러는 비엔나의 국립음악대학의 전신인 비엔나 음악학
원에서 14세에서 18세까지 정규 음악 교육을 받았다. 1980
년 말러 최초의 대작인 칸타타 '탄식의 노래(Das Klagende

Lied)'를 완성하여 베토벤 상에 응모하였다. 당시 브람스를 위시한 보수성향이 강한 대가들의 부정적 시각 때문에 말러의 작품은 예상외로 낙선되고 말았다.

시대를 저만치 앞서가는 그의 작품은 당시로서는 빛을 보기 어려웠다. 그래도 말러는 당차게 외쳤다. '아직 나의 시대는 오지 않았다.' 그 속에는 앞으로 분명코 나의 시대가 열릴 것이라는 강한 자신감이 함축되어 있다. 아무튼 그 때에 받은 상처는 스무살의 말러로 하여금 작곡가의 길보다는 지휘자의 길을 택하게 만들었다.

결국 말러의 예언대로 그의 시대는 활짝, 아주 활짝 화려하게 열렸다. 그의 작품은 지구촌 어디서나 쉴새없이 연주되고 그의 CD는 헤아릴 수도 없을 정도로 쏟아져 나온다. 그는 지금 그렇게도 갈구하던 사후의 이상향에서 아래와 같이 외치고 있을 것이다.

'*My time has come at last.*'

가을부터 봄까지 무대에서 지휘를 해야하는 말러는 자칭 'Summer Composer' 답게 여름 휴가철에는 산수가 수려한 휴양지에서 작곡을 하였다. 휴양지에서도 완전히 고요한 상태에서만 작업을 하였다. 아름다운 음악은 가장 깊은 침묵에서 우러나온다고 생각하고 있던 그의 작품은 절대 정적(靜

寂)의 산물이었다. 그에게 음악의 소재는 음(音)과 침묵이었으니까……

1895년 말러를 존경하던 지휘자 브루노 발터가 슈타인바흐로 그를 찾아와 호반을 같이 거닐고 있었다. 수려한 경치에 감탄하는 발터에게, '나는 경치를 모두 음악으로 작곡했으니 바라볼 필요가 없다'고 말했다. 그의 교향 곡에는 자연 전체가 살아서 호흡하고 있다는 느낌을 받는다.

그가 8년의 여름을 지낸 마니어니프 산장은 기념실로 꾸며져 있다. 그가 탐독했고 많은 영향을 받은 괴테와 칸트의 저서들이 아직도 책꽂이에 꽂혀있다고 한다. 말러는 산장에서의 첫 여름을 다음같이 기억했다.

'무시무시한 숲이 나를 사로잡았고, 나의 음의 세계로 들어 왔다. 내가 작곡하는 것이 아니라 작곡되어진다는 것을 깨달았다.'

말러의 음악은 자연이 써 준 것이라고 말하는 사람도 있다. 영감에 무게를 둔 것이 아니겠는가? 글을 빨리 쓰기로 유명한 어느 시인은 '내가 쓰는 것이 아닙니다. 누군가가 불러 줘서 받아 쓸 뿐입니다.'라고 술회한 적이 있다. 어느 장르를

막론하고 천재의 영감은 인간을 초월한 곳에서 오는가 보다.

지휘자로서의 말러의 이미지는 철권을 휘두르는 독재자였다. 교향악단원들이 강훈에 불평을 하며, 한 두 번은 쉬엄쉬엄 연습하는 것이 전통이라고 하자, "Tradition is Laziness."라며 호통을 쳤다고 한다.

19세기와 20세기의 교량(橋梁), 말러(Mahler)

1904년 말러는 제 5번 교향곡(Symphony No. 5 in C minor)의 초연을 위해 첫연습을 마치고, 아내 알마(Alma)에게 보낸 편지에 자기가 죽은 뒤 50년 후에나 초연되었으면 좋을 작품이라고 술회한 적이 있다.

후기낭만음악의 결정(結晶)이면서 현대음악의 초석(礎石)인 그의 음악은 19세기와 20세기의 교량적 존재였다. 전통에 젖은 보통 사람들(Ordinary ears)에게 말러 음악에 나타나는 조성의 파괴. 거친 음향, 강렬한 색채감, 에피소드의 도입, 다양한 양식, 분위기의 급변, 다중음향(Polyphony) 등은 이해할 수 없는 충격이며, 도발로 느껴졌을 것이다. 심지어 높은 음악적 소양을 갖춘 그의 친구들까지도 말러의 괴상한 예술관(Utter Strangeness of His Attitude Toward the Art)과 특이한 오케스트라 언어 (Peculiarities of Its Orchestral Idiom)에 대해서는 놀라움을 금치 못했다. 그의 음악을 이해하기 위해서는 그야말로 수직이 아니라 수평적으로 들어야 할 것이다.

말러 자신이 자기의 음악을 화성이 씌였다하여 수직적으로 들으려 하지 말고 주제의 선율이 흐르는 대로 수평적으로 들어 달라고 말 한 적이 있다.

"Mahler asks us not to hear vertically, as harmonies are written, but horizontally, as the lines of themes progress. (Gabriel Engel)

그의 주제들은 위대한 것들이고 그래서 장대한 구성을 필요로 한다. 물론 고전적 교향곡이 갖는 불멸의 주제처럼 단순, 순수, 숭고한 의미에서 위대하다는 것과는 다르다. 말러는 선율 구성의 전통적 족쇄를 과감히 풀었고 풍부한 환상과, 넓고 대담한 윤곽을 들어낸 가곡 교향곡(Song symphony)의 길을 열었다. 그의 음악세계에는 인간과 자연과 우주 전체를 수용하고 있다. 심지어 군악대와 소방울 소리까지 나름의 자기 소리를 내고 있다. 이같은 복잡 미묘한 다중음향은 선율 속에 침투되어 있는 그의 노래하는 영혼의 반영인 것이다.

인간 말러를 평하여 사악한 악마와 순진한 아기가 그의 가슴속에 나란히 살고 있다고 말한 사람도 있다. 그의 다중성을 단적으로 묘사했다고 보아야 할 것이다. 그의 음악세계에도 천국적인 것과 세속적인 것, 민요적인 소박함과 정교한 서법, 낭만적이고 환상적인 신비주의와 냉소적이고 비판적인 니힐리즘, 일견 양립할 수 없을 것 같은 요소들이 공존하고 있다. 그러나 모든 것을 수용하는 대지처럼 그의 예술은 이러한 모순과 역설을 흡수하여 독창성과 풍부함을 더해주고 있다. 테오도르 아도르노가 말러를 평해 베토벤 이래 가장 형이상학적인 작곡가라고 말한 것을 수긍할 수 있는 대목이다.

My Audio Life(1991)

요즘은 음악을 자주 듣지는 못하지만 한동안 오디오에 지나치게 몰두했던 적이 있었다. 어찌 생각해 보면 그 정력과 시간들이 아쉬운 느낌이 들 때도 있으나 평생을 같이 할 수 있는 좋은 취미를 얻었다는 생각으로 만족할 수 밖에. 지금까지 수많은 취미를 가져 보았지만, 대개 2년 정도가 되면 시들해지곤 했는데 음악감상만은 아직도 중요한 즐거움이다.

서양 고전음악은 어렸을 때부터 아버님께서 매일 아침 들으셨던 토스카니니, 발터의 교향곡이나 마리아 칼라스의 오페라 아리아 등을 통해 자연스럽게 익숙해져갔다. 물론 기계에는 별로 관심이 없었고 음악에만 몰두하였다.

처음으로 오디오의 세계에 접하게 된 것은 미국에 유학을 가서였다. 즉 내가 살던 뉴저지의 조용한 대학도시 프린스턴에서 남쪽으로 1시간 거리에 있는 필라델피아에서 대학 선배 C형의 시스템을 듣게 되면서부터였다. 내가 한국에서 쓰던 소박한 콤포넌트 기기에 비하면 엄청난 차이가 있었던 것이다.

그후 한 달 정도 고심한 결과 마련한 것이 자그마한 2웨이 스피커인 BW DM 17, 야마하 인티그레이티드 앰프(GOW), 하만 카든 턴테이블이었는데, 스피커를 중고로 샀기 때문에 대략 1,000달러 미만으로 살 수 있었다.

떨리는 손으로 셋업을 끝내고, 레코드를 올려 놓았을 때의 기억이 지금도 생생하다. 내가 공부했던 대학은 고색 창연한 중세식의 기숙사를 갖고 있었는데 방이 2개 있는 스위트를 대학원 2학년생에 한해 염가에 쓸 수 있는 특권이 있었다. 그해 겨울 내내 거실의 벽 난로 불빛을 보면서 피아노 소나타나 실내악을 듣곤 하였다.

설상가상으로 나를 더욱 더 음악감상에 빠지게 만든 것은 학교 도서관길 건너에 위치한, 미국 동부에서는 가장 크다는 '프린스턴 레코드 익스체인지'라는 중고 레코드 가게였다. 저녁때 기숙사에 돌아갈 때마다, 거의 매일 레코드를 사곤 하였는데 10% 디스카운트의 특혜 속에서 내 레코드 컬렉션은 나날이 기하급수적으로 늘어만 가기 시작했다. 그러다가 더 좋은 소리를 추구하며 기기바꿈을 시작하게 되었는데 이번에는 PS 오디오 4.5 프리앰프, B&K ST 140 파워앰프, 매플리놀 AD 플레이어(턴테이블 + 에어베어링 암), 그라도 MRI0 카트리지, 미라지 3웨이 스피커를 장만했다. 이때부터 미국의 전문 오디오 잡지 '앱솔루트 사운드'를 구독 하며 해리 피어슨 편집장이 추천하는 58~63년 사이의 RCA 리빙 스테레오와 머큐리 레이블의 레코드를 모으기 시작했다. 그 외에 런던, EMI 등의 옛 레코드에도 관심을 가졌었다.

지금 내가 가지고 있는 시스템은 귀국하기 전에 좀 무리를 해서 산 것인데 부분적으로 중고품을 싼 값에 얻었기 때문에 큰 돈이 들지는 않았다. C형의 조언을 참조해서 아포지, 사운드랩 같은 평판형 스피커쪽에 관심을 갖다가 결국 투명한 음을 자랑하는 마틴 로간 시쿼얼 II를 선택했다. 파워앰프는 진공관형의 퀵실버 모노 블럭 KT 88, 프리앰프는 크렐의 PAM 7으로 결정했다.

턴테이블은 VPI, 암은 에미넌트 테크놀로지, 카트리지는 고에츠 로즈우드로 낙착이 되었다. 아직은 LP가 CD보다 좀 더 음악적이라고 생각하지만 대세의 흐름을 좇아 캘리포니아 오디오 랩 아리아 CD플레이어 또한 추가로 구했다. 귀국 후에 또 한번 업그레이드를 하게 된 것은 전자회사 부사장인 친구 C의 유혹 때문이다. C의 유혹에 넘어가 마크 레빈슨 ML-7을 좋은 값에 샀고, 매킨토시 파워앰프를 추가해서 본격적인 바이앰핑 시스템에 들어가게 되었다. 거기다 친구 S로부터 승압 트랜스의 명기로 정평이 있는 코터 MK2 타입 L을 양도받아 마침내 현재의 시스템이 완성된 셈이다. 기계가 바뀔 때마다 음이 달라지는 것이 신기하고 재미가 있었다. 앞으로 몇년간은 현재의 시스템으로 만족할 생각이다. 작년 겨울 동숭동에 이모님이 연 화랑에 다니면서 요즘은 그림에도 취미를 붙이고 있다. 주로 신인이나 중견 작가의 유화 소품이나 판화에 관심이 있는데, 늦은 저녁시간에 2층 거실에 걸린 김종학 화백의 짙푸른 색의 그림(바닷가에 있는 느낌이 든다)과 매킨토시 앰프의 청색 패널, 진공관 앰프의 매혹적인 주홍빛을 쳐다보며 내가 좋아하 는 성악곡을 듣노라면 환상적인 세계에 놓여진 느낌이 든다.

그동안 우여곡절 끝에 1천8백 장의 LP와 1백 장 정도의 CD를 모았는데 성악 쪽에 주력해서 계속 폭을 넓혀갈 생각이다. 즐겨 듣는 곡은 빅토리아드 로스 앙헬레스, 엘리자베스 슈바르츠코프, 프리츠 분덜리히의 성악곡이나 런던 블루백 시리즈의 오페라판들이다.(델 모나코, 테발디, 서덜런드, 코렐리 등의 스타들을 이 시리즈를 통해서 만날 수 있다는 것은 큰 즐거움이다.) 그 외에 야노스 슈타케르의 첼로곡이나 가벼운 분위기의 여성 보컬도 좋아하는 편이다.

"대중음악으로 철학하기"는 너무나 매혹적인 주제이기에 한동안 계속할 것 같다.

David Bowie

1. Quotes

- "I don't know where I'm going from here, but I promise it won't be boring." ("난 이제 어디로 가고있는지 모르겠지만, 지루하진 않을 거라고 약속할께.")
- "Make the best of every moment. We're not evolving. We're not going anywhere.

- "We can be heroes just for one day." David Bowie, 'Heroes' 가사

- 'We're nothing, and nothing will help us' David Bowie, 'Heroes' 가사

2. 〈데이비드 보위 : 그의 영향〉, 사이먼 크리츨리

- 나는 정체성이 아주 깨어지기 쉬운 것이라고 생각한다. 정체성은 거대한 내러티브 통일체라기보다 기껏해야 깜박이는 단편적 사건들의 연속이다.

- 우리가 치유를 구할 음악에서 진정성(authenticity)은 저주다. 보위의 예술은 근본적으로 획책되고 반사적으로 인식된 정교한 환상이며, 그 환상에서 가짜는 거짓된 것이 아니라, 느낄 수 있고 형체가 있는 진실에 복무한다.

- 우리를 자신으로부터, 세상에 존재하고 있다는 따분한 사실로부터 구원할 수 있다. 보위의 음악은 우리가 자신의 현재 모습에 고정되는 것으로부터 탈출할 수 있게 한다. 잠시 동안 우리는 고양되고 고귀해지고 변화될 수 있다

- 1970년대 동안, 특히 1974년 이후로, 보위는 강렬하고 대담하고 무시무시한 예술적 '수련'을 동원할 수 있었다는 것이다. 이는 록스타의 현상 안주와 아주 상반된다. 마치 보위가 새 얼굴들을 취하고 새 환영들을 만들고 새 형식들을 창조할 수 있는, 엄청나게 '창의적이며 움직이는 無'로 변하기 위해 고행으로 은자처럼 스스로를 단련했던 것 같다. 기이하고 드문 일이다. 대중음악 역사에서 아마도 유일할 것이다.

3. 명반

- David Bowie (Space Oddity) (1969)

- Hunky Dory (1971)

- Rise and Fall of Ziggy Stardust and the Spiders from Mars (1972)

- Heroes (1977)

Radiohead

1. Quotes

- "Brush the cobwebs from the sky, let the Genie out from the bottle" 'Sail to the Moon' 가사중에서 (하늘에서 거미줄을 걷어내고 램프의 요정 지니가 나오게 해)

2. 〈라디오헤드로 철학하기〉

- 성시완 리뷰: 이 책은 대중음악에 관해 '사유한다'. 듣고 소비하는 일을 '넘어선다'. 그것은 일종의 현상학적인 '판단중지'를 요구한다. 실은 음악을 듣는 행위만으로도 이미 충분하기 때문에, 또는 너무 심각하게 의미부여를 하는 순간 그 매력이 사라져버리기 때문에, 우리는 음악을 즐기는 동안 거의 고의적으로 '사유'의 거추장스러움을 희생시킨다. 그 즉각성, 비문자적 육체성이 음악적 소통의 핵심이기도 하다. 그러나 이 책의 저자들은 그 소통의 과정을 '바라본다'. 즐거움 앞에서, 그 즐거움을 누리면서, 동시에 은근히 억누르면서, 경험적 과정에 사유의 손전등을 비춘다. 이것이 철학하기다

- "라디오헤드의 음악은 관념적인 설명을 하지 않으면서 세상에 존재

하는 실재적인 경험을 철학적으로 분석한다. 자신들의 생각을 예술적 한계와 접목시키려고 시도한다."(서문)

- 톰요크는 판타지, 우주선, 외계인따위에는 거의 관심이 없다. '목소리를 부여받지 못한 것들' 이 말하고 싶어하는 것들을 예술을 이용하여 효과적으로 말한다

- 라디오헤드의 노래 가사는 어떤 이야기를 하는 것도 아니고 명확한 논리 혹은 패턴을 따르지도 않는다. 대신에 그들은 원초적이고 불안정한 의미를 추구한다. "철장 속에서 항생제를 먹고 있는 돼지 a pig, in a cage, on antibiotics" 와 "막대에 묶인 고양이 a cat tied to a stick" 같은 이미지들은 우리가 머리를 굴려보기도 전에 바로 한방을 날린다.

3. 명반

- The bends (1995)
- Ok computer (1997)
- Kid A (2000)
- In rainbows (2007)

미학(味學)개론 그리고 와인

맛의 철학 '味學'을 아시나요

사람들은 나에게 왜 그렇게 다양한 분야에 관심이 많냐고 묻곤 한다. 그때마다 나는 내 자신을 르네상스적 인간으로 특화했다고 대답한다. '창조성'이라는 화두에 대한 답을 찾은 이후 따로따로 움직이던 것이 통합되기 시작했다.

몇 년 전부터 문화예술과 사회과학을 하나의 틀에서 이해하기 시작하면서 이 문제를 해결했다고, 또는 해결해 나가고 있다고 생각한다. 사람이 무엇을 먹는 행위에도 수많은 학문 분야가 직간접적으로 연결되어 있다. 식품영양학에서부터 호텔경영학의 식음료 원가 계산에 이르기까지. 현재 내가 관심 있어 하는 분야는 **맛을 분석하고 그것을 언어로 표현하는** 일이다. 나는 이 일을 거창하게 미학(味學)이라고 명명했다. 아름다움에 관한 철학인 미학(美學)과 발음이 같아서 재미

있다. 미(味)는 미(美)와 통한다고 해야 할까. 어느 학문을 배우든지 개론이라는 과목이 있다. 정치학개론이니 사회학개론이니 하는 것들 말이다. 여기까지 생각이 미치니 미학개론(味學槪論)을 써 보기로 했다.

학문의 형식을 취하고는 있지만 뭐 대단한 체계적인 시스템을 만들자는 것은 아니고 맛을 언어로 표현하는 문제를 조금 진지하게, 유머러스하게 생각해보자는 것이다. 우리는 보통 '맛있어' '입에 맞아'라고 하거나, 좀더 구체적으로 '시원하다' '달콤 쌉싸래하다' 정도로 음식 맛을 설명한다. 그러나 음식 색깔의 조화, 입안에서의 느낌, 향기, 온도, 씹히는 소리 같은 좀더 넓은 의미의 음식 맛에 대해서는 거의 언급하지 않는다. 그러나 이 모든 요소들이 요리를 즐기는 데 중요한 구실을 하고 있다는 사실을 알아야 한다. 또한 좋은 요리를 만들려면 위에 열거한 모든 것을 염두에 두고 조리해야 한다.

20세기 초 미술계에서 다다이즘(dadaism)운동이 한창일 때, 전위파 미술가들이 시각과 미각의 연계성에 관한 실험을 한 적이 있다. 맛있는 고급 요리를 풍성하게 대접하면서 모두 파란색으로 조리해 내놓았다. 결과는 맛이 없다는 불만이 나왔다. 자연식품 중에 과일이건 채소건 파란색은 없다. 블

루베리만 해도 꽃만 파랄 뿐 열매는 파랗지 않다. 유일한 예외가 있다면 냄새가 많이 나는 블루치즈인데, 사실은 그것도 부분적으로만 청회색이나 녹회색을 띤다. 그러니 파란색의 음식을 대하면 일단 의심이 앞서게 된다.

음식의 맛은 입을 거쳐 목으로 넘어갈 때 가려진다. 맛을 느끼는 데는 미각, 촉각, 후각, 청각 등 감각이 총동원되어 느낀 바를 뇌에 전달한다. 뇌가 이를 종합적으로 판단하면 우리는 맛이 어떤 지를 느끼게 되는 것이다.

기본적인 미각으로는 단맛, 신맛, 짠맛, 쓴맛, 이렇게 네 가지가 있다. 떫은맛을 더해 다섯 가지 맛이 있다고 하여 오미(五味)를 말하는 경우도 있다. 혀의 끝부분은 단맛을, 뒷부분은 쓴맛, 혀의 왼쪽과 오른쪽 부분은 신맛, 왼쪽 오른쪽의 뒷면은 짠맛을 관장한다. 이러한 맛들의 조합, 예를 들어 단맛과 신맛이 어우러지는 맛을 우리는 경험적으로 안다. 또 미각적으로 불쾌한 경우, 예를 들면 치약으로 이를 닦고 귤을 먹어보면 된다. 기분이 아주 엉망이 될 것이다. 이유는 아직 잘 모른다.

나이가 들면서 미뢰의 수가 지속적으로 감소해 입맛이 떨어지는 것이 축복인지 불행인지 모르겠다. 이는 음식의 적정 섭취량이 차차 줄어드는 것과 보조를 맞추기 위해서다. 인체의 구조는 참으로 신비로운 것이다.

마지막으로 20세기 건축의 거장 미즈 반 데 로에의 말을 인용한다. "하느님은 우리가 사소하게 생각하는 구체적인 작은 부분에 계신다." (Mies Van der Rohe said that "God is in the details.")
김재준 / 국민대 교수 주간동아 2004년 445 호

맛을 다양하게 표현하는 것은 창의성 개발을 위한 가장 좋은 훈련이라고 생각한다. 그래서 앞으로는 프랑스어로 맛이 얼마나 다양하게 표현되는지를, 프랑스와 각국의 요리(맛)를 소개해보고 싶다.

'韓·伊'의 밀어주는 맛·끌어주는 맛

여행을 떠날 때 항상 고민하게 되는 것이 두 가지 있다. 자는 것과 먹는 것이다. 어느 호텔에서 잘까, 어디서 무엇을 먹을까. 하지만 이는 즐거운 고민이기도 하다.

유명한 레스토랑을 순례하면서 느낀 점은 음식의 맛이 한결같다는 것이다. 같은 요리를 시키면 언제나 같은 맛을 느낄 수 있다. 그리고 아무리 자주 가도 언제나 새로운 맛에 대한 모험이 기다리고 있다. 요리사는 레시피가 아니라 자신의 혀로 음식을 만든다고 한다. 사실 어떤 재료이건 완전히 같을 수는 없다. 같은 시기에 같은 곳에서 잡은 생선도 조금씩은 다르게 마련이다. 따라서 소금과 허브의 양과 종류를 섬세하게 조절해야만 같은 맛을 낼 수가 있다. 레시피만을 따라 해서는 맛이 '춤을 추게' 된다.

맛의 밸런스를 이해하면 스스로 맛을 창조할 수가 있다. 뉴욕 레스피나스의 그레이 쿤츠는 서구에서 1990년대 퓨전 요리 붐을 선도한 유명한 셰프다. 싱가포르에서 유년기를 보낸 그는 프랑스 요리에 아시아의 재료들을 도입해 큰 성공을 거두었다. 그가 요리 평론가 캐민스키와 같이 쓴 '맛의 요소(The Elements of Taste)'라는 책을 몇 해 전에 우연히 읽었다. 쿤츠는 맛의 요소를 14개로 분류하고 있다. 가장 재미있게 읽은 부분은 '**밀어주는 맛**(tastes that push)'과 '**잡아당기는 맛**(tastes that pull)'을 구분하는 대목이다. 가령 소금의 짠맛, 설탕의 단맛, 그리고 고추의 매운맛은 요리의 모든 맛들을 전면으로 밀어주면서 맛을 향상시킨다. 반면 오렌지, 와인, 양파, 허브, 계피 등의 맛은 요리 재료의 특정한 맛을 강조하면서 그 맛을 이끌어낸다. 새우에 레몬을 뿌리면 새우 고유의 맛이 더 진하게 느껴지는 것은 그 때문이다.

이런 원리를 요리사들은 '본능적으로' 알고 있는 듯하다. 그래서 같은 원리가 동서양 모두에 적용되고 있는 게 아닐까 하는 생각이 든다. 이탈리아에는 파르마 생햄과 멜론이 있고, 한국에는 배를 곁들인 쇠고기 육회가 있는 것도 이 덕분일 것이다. 특히 기억에 남는 육회는 자그마한 접시에 너무나 예쁘게 담겨 나와 한동안 감탄하며 바라보았다. 생고기에 대한 거부감이 들지 않을 만큼 예뻐 누구라도 먹을 수 있을 것 같았다. 육회는 생고기에 단맛을 가미하는 것이 특징인데 소떼른느의 디저트 와인으로 실험을 해보면 재미있을 것 같다.

"인간은 지루해한다.' 하지만 이 지루함이야말로 모든 발전의 원동력이라는 것이다. 옷장을 열어보면 입지 않는 옷이 얼마나 많은가. 수많은 스타일과 색깔의 옷이 만들어지는 까닭은 끊임없이 **새로운 것을 추구하는 인간의 본성** 때문이다. 새로운 문학과 음악과 미술이 계속 나오는 이유도 모두 그 때문일 것이다."

식도락의 목적은 지루함 뛰어넘기?

경제학 수업 시간에 내가 가끔 하는 질문이 있다. "문명의 발전에, 그리고 자본주의적 생산방식에 가장 큰 역할을 하는 인간의 속성은 무엇일까?" 이런 질문을 하면 대부분의 학생들은 당황해한다. 왜냐하면 책에는 없는 얘기이니까. 사실 이런 질문에는 정해진 해답이 없다. 그래서 어떤 대답도 가능하다. 내가 찾아낸 가장 마음에 드는 답은 이렇다. 과거 구소련에서 망명한 사람들이 가장 감동을 받는 장소는 슈퍼마켓이었다고 한다. 줄을 서지 않고도 원하는 물건을 살 수 있고, 같은 용도의 물건도 종류가 너무나 많아 충격적이라는 것이다. 말을 덧붙이면, 인간은 본디 만족해할 줄 모르는 욕심 많은 존재이기에 끊임없이 새로운 것을 추구한다. 자본주의 사회에서의 발명과 새로운 예술의 근원에는 지루함을 극복하려는 인간의 욕구가 반영되어 있다.

독창적인 것을 추구하는 예술가들을 보면 정작 그들은 매우 지루해 보이는 작업을 하고 있다. 10년, 20년 똑같아 보이는 작업을 반복하고 있다. 그런데 이 무한에 가까운 반복이 예술가에게는 지루하지가 않다. 물론 남이 시켜서 하는 일이라면 절대로 그렇게 못한다. 스스로가 부여한 규칙에 따라 하는 작업이기 때문에 가능한 것이다. 이 점을 이해하려면 실제 예술가같이 생각하는 법을 알아야 한다. 현대미술을 정말 이해하고 즐기려면 어떤 의미에서는 자신이 스스로 예술가가 되어야 한다.

다른 예로 감옥과 수도원을 비교해보자. 감옥에 갇힌 죄수는 자유의 박탈로 질식할 것 같은 기분이다. 영화 '쇼생크 탈출'을 보면 감옥에서 마시는 맥주 한 병, 우연히 들려오는 오페라 아리아 하나가 얼마나 대단한 감동을 주는지가 잘 묘사되어 있다. 그러나 감옥보다도 열악한 환경의 봉쇄된 수도원에 있는 수도사들은 그 좁은 공간에서 하는 빵 하나 물 한 잔의 식사에도 자유로움을 느낀다. 스스로의 자유의지에 따라 자신의 인생을 선택했기 때문이다.

사람의 식도락도 지루함을 극복해보려는 투쟁의 역사라고 할 수 있다. 더 좋은 음식, 새로운 음식, 새로운 분위기를 찾는 데 식도락가들은 노력을 아끼지 않는다. 프랑스의 '기드 미슐랭'에서 높은 점수를 받으려면 여행을 떠나는 이유가 오로지 그 레스토랑을 찾아가기 위해서라는 말이 나올 정도가 되어야 한다.

"육체적인 것을 억압하는 것은 먹는 것에도 큰 변화를 가져온다. 중세 유럽에서는 여러 사람이 같은 그릇에 직접 입을 대고 먹었다고 한다. 그것이 발달해서 그릇은 하나지만 각자 스푼으로 떠먹게 되었고, 나중에는 남의 스푼이 닿았던 음식을 먹는 것조차 싫어 각자 자신의 접시를 앞에 놓고 따로 덜어 먹는 방식으로 바뀌었다."

나이프로 이를 쑤셨다고?

　지금 우리가 알고 있는 서양식 식사 에티켓이 정립된 것은
오래지 않았다. 불과 몇 백년 전만 해도 유럽의 에티켓을 다
룬 유럽의 책에는 '나이프로 이를 쑤시지 말라' '고기를 맨손
으로 먹지 말라'는 말이 나오는데, 이것은 실제 그런 사람들
이 심심치 않게 있었다는 말이다.

　〈매너의 역사〉(노버트 엘리아스 지음, 유희수 옮김, 신서
원 펴냄)에는 더 심한 내용이 나온다.

'사냥꾼들처럼 식탁에 침을 뱉지 마라.'
'두 손가락으로 코를 풀어 땅바닥에 내팽개치고 그 손가락을 옷
에다 닦는 것은 예의에 크게 어긋나는 것이다.'
'숙녀 앞에서, 다른 방 창 앞에서 소변을 보아서는 안 된다.'

　실제로 당시 유럽의 호화스런 궁전에는 화장실이 없어서
적당한 장소를 찾아 소변, 심지어 대변까지 보았다고 한다.
그래서 궁전에 묘한 냄새가 날 때가 많았다고 하는데, 화려

한 베르사이유 궁전에서 이런 일이 벌어졌다는 것을 상상해 보면 너무 황당해 웃음이 나온다. 이런 사람들이 이른바 '문명화'가 진행되면서 현재와 같은 예의범절을 차리게 되었다. 이러한 예절은 절대주의 시대의 궁중 예절 단계를 지나 19세기 부르주아지 사회 이후 교육받은 신사숙녀의 예절로 발전했다.

매너를 잘 지킨다는 것은 인간의 자연스러운 욕구를 억압하는 것이라고 한다. 육체적인 것을 억압하고 공격 성향을 억압하는 것은 근대국가의 성립과 함께 가속화한 것이다. 기분이 상하면 치고받고 싸우든가 마주보고 총으로 쏘던 사람들이 이제는 모두 얌전해졌다. 그 폭력성은 국가가 공인한 '검찰, 경찰'이라는 인가된 '조직'에 의해 행사되고 있다.

그래서 지금은 프렌치 레스토랑에서 남의 접시에 포크를 들이대고 서로 나누어 먹는 것은 매너에 맞지 않는 행동이 되었다. 하지만 야박하게 자기 음식만 먹는 것이 싫다는 사람들도 많이 있다. 내 생각에는 조금씩 미리 나눠서 상대방에게 건네주고 다시 조용히 아무 일 없었다는 듯이 먹으면 좀 나을 것 같다. 보통 연인끼리 오면 같이 나누어 먹을 때가 많은데 서양에서도 아주 엄격한 곳이 아니면 이를 묵인하는 것 같다. 때와 장소에 따라 알아서 하면 된다. 예절이라는 것은, 유럽 에티켓의 변화과정에서 보듯 시대와 지역에 따라 얼마든지 달라질 수 있는 것이기 때문이다.

이 같은 차이는 지역별로 요리를 대하는 태도에도 큰 차이를 만들어놓았다. 서양요리와 중국요리의 가장 큰 차이가 무엇일까? 나는 그것을 하나의 재료가 되는 동물을 감추려는 것과 그대로 드러내 보여주는 것의 차이라고 생각한다.

가령 중국 베이징에서 오리를 시키면 오리 한 마리를 통째로 가져와 테이블 옆에서 잘라준다. 생선찜을 시키면 생선을 가지고 와 살아 있다는 것을 확인시켜준 뒤 생선 전체를 쪄서 그대로 큰 접시에 담아 내온다. 특히 홍콩에서 먹은 스네이크 수프는 정말 인상적이었는데, 뱀의 껍질이 그대로 붙은 채 나와 뱀을 요리했다는 사실을 숨김없이 생생하게 증언하고 있었기 때문이다. 눈감고 그냥 먹어보니 맛은 훌륭했다. 하지만 일행 중에 비위가 약한 사람은 손도 대지 못하고 그대로 남겼다.

반면에 프랑스 요리는 고기류도 그렇지만 생선도 필레라고 하여 적당한 크기로 자른 조각이 두세 쪽 나오고 그 위에 소스가 뿌려지고 예쁘게 장식이 되어 있다. 그 자체로 보아서 이게 무슨 생선인지 알기가 어렵다. 그리고 생선 머리나

뼈는 그냥 버린다. 식탁 위에서 펄떡펄떡 마지막 숨을 쉬고 있는 생선 머리를 보며 활어회를 집어 먹기까지 하는 우리와 크게 다른 문화다. 우리는 활어회를 먹은 후 남은 부분을 매운탕으로 다시 활용하지만, 프랑스 사람들은 이런 활어회를 보고 기절할 듯이 놀란다.

그 사람들의 조상들도 식탁 위에 죽어 있는 동물을 통째로 올려놓고 잘라 먹었고, 18세기까지는 능숙하게 고기를 자르는 것이 예의범절의 하나였다고 한다. 그러나 지금은 에티켓이라는 이름으로 많은 것이 달라진 것이다.

역사를 배우면 우리의 시야가 넓어지고 다른 문화에 대한 관용도 배울 수 있게 된다. 프랑스인들 또한 자신들의 역사를 알게 된다면, 요리 재료를 생생하게 보여주는 동양의 문화를 '야만적'이거나 '덜 개화한 것'이라고 몰아붙이지 않을 것이다.

"음식을 먹는 방식에서 한국은 다른 나라와 많이 다르다. 우리는 모든 음식이 한곳에 차려져 한꺼번에 나오기 때문에 여러 음식을 동시에 접하게 되는 반면 서양에서는 시간 순으로 음식이 나오기 때문에 개별적으로 음식을 접하게 된다. 그래서 포크, 나이프, 스푼이 한꺼번에 10여개씩 놓이기도 한다. 앞에 맛본 음식의 맛이 뒤에 나온 요리에 섞이지 않게 하기 위한 배려다. 하지만 우리나라의 경우 상다리가 부러지도록 여러 음식이 나오는 한정식 차림에서도 숟가락과 젓가락은 한 벌뿐이다."

현대판 한정식 '뷔페'

몇 년 전 한국 현대미술을 대표하는 작가인 이우환 화백을 부산 공간화랑 전시회에서 뵌 적이 있다. 와인과 음식문화에 해박한 그분의 이야기를 들으면서 우리 음식에 대해 많은 생각을 하게 되었다.

"서양 음식은 주방장이 재료들을 한데 섞어 내보내는 요리이고, 일본 음식은 재료의 순수성을 살린 요리입니다. 이에 반해 한국 음식은 눈앞에 펼쳐진 음식 중에서 자신의 취향에 맞는 찬을 골라 입 안에서 재조합해 먹는 요리라고 할 수 있습니다. 즉, 상에 차려진 음식을 개인의 기호에 따라 선택해 입 안에 넣으면 각각의 음식들이 서로 섞여 재조합 돼 새로운 형태의 음식이 되는 것이죠."

프렌치 레스토랑에 가면 사람에 따라 주문하는 메뉴가 다르다. 메뉴판 앞에서 자신의 맛의 철학을 펼쳐 보일 수 있는 기회이기 때문이다. 프랑스 사람들이 다른 사람과 똑같은 음식을 주문하는 것은 상상하기 어렵다. 그러나 전통 한정식

　　　　　　　　다빈치 스쿨: Just do Everything

집에 가면 누구나 똑같은, 공통의 반찬이 놓인 상을 받게 된다. 모든 사람 앞에 같은 반찬이 놓여 있는 것이니 우리는 아무런 개성도 없는 것일까. 이우환 화백은 그렇게 생각하지 않는다.

"한국 음식 문화에서 개개인의 자유는 제각기 받은 상 안에서 보장됩니다. 개별적으로 완성된 반찬들이지만 자기 젓가락, 숟가락 가는 대로 골라 입 안에서 전혀 다른 맛의 음식을 재창조해내는 자유를 누리게 되는 겁니다. 이것을 한국인만의 특별한 에고(ego)라고 할 수 있죠. 주방장의 존재가 절대적인 서양 음식보다는 완성된 음식들을 나름의 취향대로 골라 자기 마음대로 재창조하는 우리네가 실제로는 더 강한 에고를 가졌다고 할 수도 있지요."

한정식이 한국인이에게 있는 평등지향성을 충족시키면서도 각자의 개성을 살릴 수 있도록 되어 있다는 이 지적은 참으로 재미있었다. 그런데 요즘의 한정식들, 특히 고급 한정식 집에서 내는 한정식은 대부분 코스별로 요리가 나온다. 시간 순으로 펼쳐지는 이 방식은 사실 서양적인 것이다. 한 상 가득 차려놓고 푸짐하게 골라 먹는 전통적인 우리 것이 아니다.

현대적인 한정식은 오히려 뷔페가 아닐까 싶다. 사실 외국에 가면 뷔페가 그렇게 인기 있는 메뉴가 아니다. 호텔 투숙객을 위한 아침 뷔페 정도가 흔히 보는 형태고 저녁에 뷔페를 먹으러 가는 일은 드물다. 그러나 우리나라에서는 워낙 뷔페가 인기가 있어 특급호텔마다 뷔페 식당 없는 곳이 없다. 잘 관찰해보면 뷔페에도 종류가 많다. 크게 종합형과 전문형으로 나눌 수 있는데 종합형은 한식, 일식, 중식, 양식이 모두 나오고 디저트로 떡, 식혜에 아이스크림, 티라미수까지 제공하는 형태를 말한다. 파스타를 만들어주기도 하고 갖가지 초밥이 나오기도 한다.

한정식 집에서도 느끼는 것이지만 뷔페의 문제점은 먹다 남기는 음식이 많다는 것이다. 예전에는 상을 물리는 것을 통해 이 같은 음식 낭비를 해결할 수 있었지만 요즘에는 그럴 수도 없다는 것이 문제다. 1인용 미니 한정식 같은 형태로 이 문제를 해결하고 있기도 하지만, 한정식 특유의 그 시각적 화려함과 회화적 디스플레이를 낭비 없이 즐길 수 있는 방법은 없을까?

"무엇이 맛있는지 정말 모르겠다는 순간도 찾아온다.
최고의 맛은 무엇일까? 궁극의 맛이 과연 존재하기는 할까?"

몇 해 전 우리나라의 차를 대표하는 지허 스님과 나눈 대화 속에 그 해답의 일단이 있지 않을까도 싶다.

- 서양에 와인이 있다면 동양에는 차가 있다는 말이 있는데요?
- 서양의 와인에 대칭되는 것이 동양의 차죠. 와인이 숙성기간을 거치듯이 차도 숙성기간이 있습니다. 봄에 차를 만들어 20일에 서 한 달쯤 숙성기간을 둔 후 최종 마무리로 볶습니다. 그 앞 과 정을 덖는다고 하는데 8~9번에 거처 숙성시키는 것을 말합니다. 영국은 완전 발효차인 홍차를 마시고 중국은 반발효차를 마 십니다. 일본 사람은 찐 차를 좋아하고 우리나라 사람들은 덖은 차를 좋아합니다. 일본 차에서는 우리나라 차의 향을 느낄 수 없지요.

일본 사람들은 차 맛보다 형식을 통해 자신을 절제하고 수련한다고 생각하는 것 같습니다. 형식을 통해 내면이 정화된다고 보는 거죠. 절제만이 좋은 것은 아닙니다. 절제해야 할 때 절제하는 것이 좋은 것입니다. 자기 마음대로 하고 싶을 때는 또 그렇게 하는 것이 좋지 않겠습니까. 물처럼 말입니다. 물은 조용히 흘러가기만 하는 게 아니라 계곡을 따라 떨어지기도 하고 깊은 곳에 머물기 도 합니다. 또 조용히 흐를 때도 있습니다. 차도 마찬가집니다.

- 차에는 절제가 없지요. 차의 향기, 차의 맛, 절제라는 것이 느껴 지나요?

– 일본 차는 형식에 너무 치우치지 않나 하는 생각이 들더군요. 일본에서는 고급 차를 선물 받으면 아까워서 못 먹고 모셔놓고 있다가 귀한 사람에게 다시 그 차를 선물한답니다. 그러면 또 그 차를 선물 받은 사람은 아까워서 못 먹고 있다가 다른 사람에게 선물하지요. 그렇게 여러 번 차가 오가게 된답니다. 차 맛보다는 형 식을 더 추구하다 보니 포장만 요란해지고 값도 비싸지는 거죠. 일본 사람 중에 일생을 차만 만들던 사람이 일본 차 맛에 회의를 느끼고 한국 차를 알기 위해 한국에 왔습니다. 한국에 와서 여기 저기 돌아다니다가 나를 만나 7년 동안 차를 배웠지요. 비디오도 찍어가고 온도도 재어보고...그러다 8년쯤 뒤부터 비슷한 차를 만들 수 있게 되었습니다.

– 한국의 차는 어떤 차라고 할 수 있습니까?

– 형식을 외우는 것이나 다도니, '녹차'니 하는 말은 모두 일본 겁니다. 우리는 예로부터 그냥 '차 라고만 말했거든요. 요즘에는 '차' 라는 말도 구별을 해야 합니다. 지금은 차라는 말이 너무 오염되어 요구르트도 차고, 커피도 차 아닙니까? 이래서는 안 되겠다 싶어 정말 이것을 뭐라고 불러야 할지 예공희 선생님, 한창기 선생님과 함께 모여 장시간 의논해 보았어요. **그래서 만든 말이 '잎차' 예요.** 이게 제일 정확한 우리 말 아니겠는가 하는 데 의견의 일치를 보았습니다.

- 차의 좋은 점은 무엇입니까?

- 우리 문화가 언제부터 인스턴트식으로 변했는지 모르겠어요. 자기도 모르게 모든 것을 급하게, 바쁘게 처리하려고 하는 태도가 걱정됩니다. 차를 마시다 보면 인생을 돌아보고 좋은 대화를 나누고 정신세계를 채우는 시간을 가질 수 있습니다. 차는 한 번 뿌리를 내리면 수백 년 동안 죽지 않습니다. 나무뿌리가 자기 키의 서너 배 깊이로 땅속에 들어가거든요. 뿌리가 깊어야 망하지 않는다고 차가 좋은 이유는 바로 깊게 내린 뿌리로 담백한 물을 빨아올려 잎을 생성하기 때문입니다. 그것을 솥에 넣고 아홉 번 씩이나 정성껏 덖으니 당연히 좋지 않겠어요? 이 시대에 많은 사람들이 정말 마셔야 하는 것은 차라고 생각합니다. 차를 마시면 정신도 맑아지고 좋잖아요.

있는 듯 없고, 없는 듯 있는 맛

- 무엇보다 먼저 차 맛을 알아야 되지 않을까요? 요즘 사람들은 자극적인 맛에 너무 길들여져 있거든요.

- 이미 존재하는 것은 보다 아름다운 쪽으로 가기 위해 있는 것이라고 합니다. 맛이 없는 것 같은 맛이 최고의 맛입니다. 없는 것 같기도 하고, 나아가서 진짜 아주 없는 것이야말로 완전한 맛입니다. 불교에서 말하는 색즉시공 공즉시색(4위 북쪽 조림) 북 순) 과 같은 것이지요.

- 차 맛이 있다. 없다 이야기하는 사람들이 적지 않은데 여기에 대해서는 어떻게 생각하십니까?

- 없는 것이 있는 것입니다. **원래부터 없는 것이 아니라 있는 것의 궁극은 없는 것 아니겠습니까?** 맛이 지워지지 않는다는 것은 그 이상의 맛이 있다는 것이고 조금씩 담담해지는 것, 즉 엷어지는 것 또한 맛이 없는 것 같지만 존재하고 있다는 이야기지요. 우리 육체적 감각의 근본은 "있는 것을 잊는 것이다" 라고 할 수 있습 니다. 정말 맛이 있다는 것은 맛이 없는 것과 똑같은 겁니다.

- '정말 맛있구나' 하는 느낌은 최고의 맛이 아니라는 말씀이시군요. 오히려 그런 생각조차 들지 않을 때의 맛이 진짜 맛이고, 이 게 정말 맛있을까 하는 의문이 들 때 그것이 정말 맛있는 것이라는 말씀이시죠? 처음에는 별 맛이 아니더라도 오랫동안 뒷맛이 남는 게 제일 좋은것이라는 이야기를 어느 화가 분에게 들은 적이 있습니다.

- 그렇습니다. 오랜 시간에 걸쳐 따뜻해지고 오랜 시간에 걸쳐 식고 오랫동안 입 안에 은은한 향과 맛이 느껴지는 차가 좋은 차입니다. 그 자리에서 웃고 마는 것이 아니라 뒤돌아서서 생각할수 록 재미있는 것이 진짜 우스운 이야기이듯 말이지요. 좋은 차는 입 안에 오래 남고, 담백합니다.

매력 만점 포도주 … '와인'은 문화상품

와인 가격, 특히 '보르도'나 '부르고뉴'산 특급 와인 가격을 들으면 놀라는 사람이 많다. 아무리 맛과 향이 좋다 해도 그렇지 1병에서 6잔 정도밖에 안 나오는 와인이 그렇게 비쌀 수 있느냐는 것이다. 그러나 그 정도 값을 기꺼이 지불하는 사람들 또한 존재하는 것이 현실이다.

와인 가격은 어떻게 결정되는 것일까? 와인 가격 역시 '경제학 원론'에 충실해, 수요와 공급에 따라 시장에서 결정된다. 1980년대 말 와인 가격이 대폭 오른 데는 적포도주가 건강에 좋다는 연구 결과(심장질환에는 좋지만 간에는 나쁘다는 것이 정설이다), 아시아 지역을 휩쓴 와인 열풍, 전례 없는 미국의 장기 호황, 특등급 와인에 대한 공급 제한 등이 골고루 기여했을 것이다.

와인 생산연도도 와인 가격을 결정하는 중요한 요소 가운데 하나다. 영어로는 '빈티지(vintage)'라고 하는데, 사람들은 흔히 오래된 와인일수록 좋을 것으로 생각한다. 그런데 과연 와인은 오래된 것일수록 좋고 또 가격이 비싼 것일까? 정답은 'No!'다. 오래 보관해서 질이 좋아지는 와인은 빈티지가 좋은 특급 와인에 한한다. 오히려 평범한 와인을 20년 묵히면 변질되기 때문에 버려야 한다. 특히 몇 년씩 지난 '보졸레 누보'(프랑스 리용의 보졸레에서 생산되는 햇와인)는 아무 가치가 없을 뿐 아니라 마시기도 힘들다. 만든 지 6주쯤 지난 후(법적으로는 11월 셋째주 목요일 자정)부터 마시는 '보졸레 누보'는 이듬해 봄이 되기 전에 마시는 게 가장 좋다고 한다.

또 다른 질문을 던져보자. 와인 가격이 배이면 맛도 배로 더 좋아지는 것일까? 이 가정은 2달러 하는 와인과 4달러 하는 와인을 비교하면 어느 정도 맞는 얘기일 수도 있다. 이 수준의 와인은 가격이 올라갈수록 맛이 현저히 좋아진다. 그러나 8달러, 16달러, 32달러로 가격이 올라가면 좋아지는 정도가 점점 줄어든다. 점수로 환산하면 4달러짜리 와인을 50점이라고 했을 때 8달러짜리 와인은 75점, 16달러짜리 와인은 84점, 32달러짜리 와인은 89점 하는 식으로 조금씩 맛이 좋아지는 것이다. 이 기준을 계속 적용해나가면 64달러짜리 와인은 93점, 124달러짜리 와인은 95점, 248달러짜리 와인은 97점, 496달러짜리 와인은 98점이다. 맛과 향기의 등급이 미세하게 상승한다고 볼 수 있다. 1000달러 하는 초특급 와인은 99점 정도가 될 것이다. 경제학에서 말하는 '한계효용 체감의 법칙'이 여기에도 적용되는 것이다. 일반인에게는 작은 차이일지 모르지만, 와인 애호가들한테는 확연히 구분되는 이 차이가 모든 것을 좌우한다.

그렇다면 사람들은 왜 '비싼' 와인을 찾는 것일까. 그것은 '맛'이 와인의 전부가 아니기 때문이다. 특급 와인은 프레스티지, 레이블의 세련된 디자인 등이 더해진 문화상품이다. '보르도'나 '버건디'가 비슷한 수준의 호주나 이탈리아 와인보다 비싸게 팔리는 것은, 사람들이 그 와인을 구입하면서 프랑스 문화를 체험하는 티켓을 함께 사는 것이라고 느끼기 때문이다.

무조건 비싼 와인이라고 해서 좋은 것은 아니다. 자신의 취향에 맞는 와인이 좋은 와인이라고 할 수 있다. 아주 고급 와인만 마신다거나 아주 싸구려 와인만을 마시기보다는 여러 와인들을 접해 봄으로써 와인 맛을 알아가는 과정이 재미있고 여유로움을 준다.

또 고급 와인과 싸구려 와인 사이의 층을 감별해내는 훈련이 되기 때문에 좋은 와인을 찾아낼 수 있고 제대로 즐길 수 있게 된 다. 만약 와인을 접하기 시작하는 단계라면 자기 수준에서 부담 없는 가격이 2만원이라고 치면 3만원 정도의 와인을 마셔보라고 권하고 싶다. 무엇이든 배우고 훈련한다는 것은 어느 정도의 경제적인 대가를 필요로 하기 때문이다.

화가 이우환 선생님과의 대화:

와인의 정의

　와인은 사람들과 대화의 장을 열어주는 역할을 한다. 폭탄주 같은 술들은 대화를 단절시키고 취하기 위한 술인 반면에 와인 은 무언가를 생각하게 하고 사람들 사이를 부드럽게 하는 윤활 유 역할을 한다. 이야기를 편안하고 즐겁게 해주며 건강에도 좋은 술이라는 점에서 와인의 매력을 찾을 수 있다.

　와인은 이동 중에 변질될 우려가 있어 코냑처럼 해외에서 많이 들여오지 못한다. 술 자체가 매우 민감하기 때문이다. 와인을 즐기는 사람 역시 민감해야 와인의 섬세한 맛을 감별 할 수 있다. 상급 맛과 하급 맛의 차이, 뭐가 좋은지 뭐가 나쁜지를 감별해내는 훈련이 지속적으로 되어 있어야 와인의 제대로 된 맛을 감별 할 수 있다.

　어느 연대의 와인이 좋다는 객관적인 평가 기준은 없다. 하지만 나이가 든 사람들이 마시기에는 오래 된 것(올드 와인)이 좋고 젊 은 사람들이 마시기에는 몇 년 되지 않은 새 포도주(영 와인)가 좋 다. 젊은 사람들은 연도가 오래 된 것을 마셔도 그 진가를 잘 모르기 때문이다. 반면에 어느 정도 와인을 접한 사람은 와인 맛의 진 가를 알 수 있기 때문에 시간이 좀 지난 와인을 마시는 것이 좋다.

와인을 제대로 즐기는 방법

다음과 같은 순서로 와인을 시음해보자.

1. 레드 와인은 마시기 한두 시간 전에 와인 코르크를 따놓는 것이 더 맛있게 즐길 수 있다.

2. 와인을 딴 후에는 먼저 '색(원)'을 확인한다.

   황금빛이 도는지, 붉은 기가 도는지, 익었는지, 익지 않았는지를 색을 통해 알아본다.

3. 색을 확인하고 난 이후에는 '냄새' 를 맡아본다.

4. 와인을 천천히 음미하며 마신다.

   처음에는 입 앞으로 마시고 혀 아래로 천천히 굴려본다. 혀 전체로 굴려본 후 입 안에 약간의 와인을 남긴 상태에서 삼킨다.

좋은 와인 구별법

어떤 음식을 먹을 때 먹는 당시만 반짝이고 여운이 남지 않으면 좋은 음식이라고 할 수 없다. 와인 역시 마시고 난 후 약 2~3분 정도 잔향을 남기는 것을 고급 와인이라고 할 수 있다. 좋지 못한 와인은 마신 지 몇 초도 안 돼 향과 맛이 사라지기 때문이다.

와인의 본고장 프랑스에서 주로 마시는 와인

와인은 제각기 다른 맛을 낸다. 때문에 어떤 와인이냐에 따라 좋아하는 사람과 싫어하는 사람으로 나뉘는 것은 당연하다. 와 인의 고향인 프랑스의 지식인들은 보르도보다는 부르고뉴를 좋 아한다. 영국 식민지 때 돈 많고 권위주의적인 사람들이 보르도 를 좋아했기 때문에 그에 반발해서라고 한다. 또, 부르고뉴는 남에게 뺏긴 적 없는 지역에서 만들어지는 술 이라는 점과 한 종류의 포도로 만들어 쉽게 그 맛을 알 수 있는 남성적인 술이기 때문에 자부심을 갖고 즐겨 마시는 와인이라고 한다. 대체적으로 프랑스 사람들은 보르도보다는 부르고뉴를 선 호하는 편이다.

특급 와인을 좋아하는 사람들은 대다수가 샤또 마고를 좋아하 고 라피뜨는 귀족적인 취향의 사람이 좋아한다. 무똥 로쉴드는 도이 많은 사람들이 선호하는 경향이 있고, 오 브리옹은 부드럽 고 섬세한 감각을 좋아하는 사람들이 많이 찾는다. 반면 라뚜르는 남성적이며 최고급 와인을 대표한다고 할 수 있다.

부담 없이 즐길 수 있는 와인을 추천한다면...

꼭 샤또 이름이 붙은 것이 아니더라도 특정 지역의 포도를 모아 만든 것 중에 마실 만한 것들이 많이 있다. 배런 필립의 뽀이약 같은 것이 대표적이다.

한국 사람들은 붉은 와인은 고기를 먹을 때 마시고 화이트 와 인은 생선을 먹을 때 마신다. 이처럼 지극히 보편적인 경향을 보이는 이유

신 음식에 포도주를 마시면 불편하지만 붉은 와인은 생선 양 넘구이에 마셔도 괜찮다. 또 로제 와인은 어디에 마셔도 대체로 잘 맞는 편이다. 무엇보다 좋은 와인의 조건은 자신의 취향에 맞 는 와인을 마시는 것이다. 사람들이 알고 있는 보편적인 것은 대 체로 그렇다는 것이지 절대적으로 그렇다는 의미는 결코 아니 다. 그런 보편적인 경향을 따르는 것은 와인이 아직 우리 생활에 충분히 익숙해지지 않아서일 것이다.

우리나라 사람들은 매운맛, 짠맛에는 익숙해져 있는 데 반해 떫은 맛에는 익숙하지 않은 편이다. 차를 마실 때도 떫은 맛에 익숙해지는 것이 가장 어려운 일이라고 한다. 반면 일본 음식은 떫은맛 나는 것들이 많은 편이다. 하지만 우리도 도라지나 더덕같은 음식들을 통해 떫은맛을 알고 있기 때문에 적절히 유도를 해 나가면 얼마든지 새로운 맛을 개발할 수 있을 것이다.

우리나라 사람들은 프렌치 레스토랑에 가서 실수를 많이

한다. '대충 알아서 주세요' 식으로 웨이터에게 주문을 미루 거나 요리 순서를 무시하고 주문을 하기 때문이다. 음식을 주문할 때 는 어떤 음식을 어떤 순서로 주문할 것인가, 어떤 요리를 어떤 방식으로 주문하는가에 따라 많은 것이 달라지 게 된다. 만약 생선요리를 먹겠다고 하면 요리 방법에 따라 소스가 달 라지고, 어떤 와인을 매치할 것인가도 달라지게 된다. 음식은 그 사람의 지성, 감성 등 그의 모든 것을 반영하 는 하나의 문화이고 '나는 이렇게 먹겠다' 라는 자기세계를 구축하는 것이라고 할 수 있다. 나만의 건축물을 세우는 것 같다. 그런데 그런 과정들을 무시한 채 음식들을 주문하고, 싸구려 와인이나 비싸기만 하고 맛이 없는 와인을 주문해 식 당으로부터 무시를 당하는 경우가 종종 발생하게 된다. 음식 과 조화되는, 가격이 적절하고 맛있는 와인을 골라야 식당에 서 제대로 된 대접을 받을 수 있게 된다.

그럴 만한 능력이 없다면 차라리 조언을 구하는 것이 좋 다. 예를 들어 애피타이저는 해산물로 하고 메인 디시는 양 고기를 먹으려 하는데 거기에 어울리는 와인은 어떤 것이 좋 은가 하는 식의 구체적인 식사 내용을 밝히고 추천을 부탁하 면 된다.

질 높은 와인과 나쁜 와인을 구분하는 방법

은은한 냄새가 나지 않고 신내가 확 나면 나쁜 와인이라는 것 을 쉽게 알 수 있다. 또 다른 간단한 방법으로는 와인을 따를 때 잔에 어떻게 흘러내리는가를 살펴보면 된다. 좋은 와인은 부드 럽게 흘러내리지만 문제가 있다거나 질 나쁜 와인은 미끄럽게 흘러내리지 않는다.

다른 방법으로는 코르크의 상태를 통해서 알 수 있는데 코르 크가 매끈매끈하게 반쯤 젖어 있는 것이 좋은 와인이다. 왜냐하 면 좋은 와인은 좋은 코르크를 쓰기 때문이다. 반면 푸석푸석하 게 젖어 있거나 부서지는 마개는 보관 중 공기를 흡수한 것으로 맛이 변질된 와인일 가능성이 크다.

와인에 따라 와인 글라스의 모양이 달라지는 이유

어떤 포도로 만들었느냐 또는 와인의 특성에 따라 와인 글라스 모양이 달라진다. 가령 부르고뉴 지방의 한 가지 포도만을 가 지고 만든 와인은 확 하고 직접적으로 맛이 느껴지기 때문에 그특징을 살려서 입이 넓은 큰 잔을 사용한다. 반면 보르도의 경우 는 서너 가지 포도로 만들기 때문에 섬세한 맛을 느끼고 은은한 향을 담아두기 위해 깊고 입이 좁은 잔을 사용하게 되는 것이다.

처음 와인을 마시는 사람에게 추천할 만한 와인

프랑스의 대표적 와인 산지인 보르도 지방의 지역 이름이 붙 은 와인들이 가격이 싸고 무난하다. 예를 들면 Pauillac, Pomerol 같은 이름이 붙은 것은 그 지역의 포도를 한데 모아 만든 것이 다. 특히 Baron Phillipe의 상표가 붙은 것이 좋다. 다음으로 떠 오르는 곳은 Rhone지역인데 남성적인 Chateauneuf-dePape이 맛이 좋고 안정성이 있어 권할 만하다.

국가별 와인 비교

프랑스 와인은 지적이며 동시에 감성적이고 이탈리아 와인은 드라마틱하고 이야깃거리가 있다는 것을 알 수 있다. 그런가 하면 스페인 와인은 격정적인 맛이고 캘리포니아 와인은 비싼 편 임에도 불구하고 뒷맛이 약한 경우가 간혹 있다.

벤처와 비즈니스

나의 아이디어는 개인의 취미 차원의 문화적 영역을 넘어서 벤처나 비즈니스 같은 경제적 영역으로도 이동했었다. 예술과 경제는 분리할 수 있는 것이 아니다.

조선일보, 여러 장르 포괄 웹진 창간...각계 일벌레들의 "멋진 외도"

청와대에서 그리 멀지 않은 서울 청운동의 2층 양옥집 대문에 「아트라이프닷컴」이란 간판이 최근 걸렸다. 그런데 방문객들은 대부분 「아트 라이프」와는 관계가 멀 것 같은 40대 초반의 교수, 관료, 검사, 컨설팅회사 임원들이었다. 이들은 순수문화예술 소비 운동을 하는 「ALS(ArtLifeShop·아트라이프샵) 그룹을 결성했다.

"문화예술인은 아니지만, 저희는 그 이상으로 문화에 애정을 가졌다고 자신하는 전문인 들이자, 문화 투자자이기도 합니다. 작은 연못에는 큰 배가 떠 있을 수 없습니다. 순수문화 소비를 획기적으로 늘려야 한국의 문화경쟁력이 커진다는 게 저희 믿음입니다."

모임 대표인 김재준(42) 국민대 교수(경제학)의 설명이다. 「아트라이프샵」 그룹은 사이버 문화잡지 창간, 오프라인 으로서 갤러리와 문화카페 운영, 문화관련 출판, 문화산업정 책 세미나 등 다양한 사업을 준비중이다.

중앙일보 [인터뷰/김재준 교수] 문화가이드 웹진 발간 "접속하면 고 급문화 가는 길 보입니다"

경제학박사이면서 전문가 못지 않은 미술 애호가로 유명 한 국민대 경제학부 김재준교수(40)가 최근 종합 문화가이 드 웹진 아트라이프샵닷컴(Artlifeshop.com)을 냈다.

"예일대가 있는 미국 뉴헤이븐에는 공연단체가 1000개가 넘어요. 문화가 발전하려면 문화를 향유할 수 있는 소비자가 두터워야 해요."

김교수는 웹진 운영뿐만 아니라 문화,예술 소양 증진을 목 표로 한 기업의 사원교육프로그램 지원 등의 컨설팅 업무도 병행할 계획이다.

시사저널 1750호, :아트라이프숍 개관…온·오프 라인으로 공급·수요자 연결

'예술 공급자와 소비자를 잇는 안내소' 성격을 지닌 아트라이프숍은, 웹진 'ArtLifeShop.com'을 함께 열어 현실 공간과 사이버 공간에서 동시에 작동하기 시작했다.

아트라이프숍의 대표는 그림 전문 수집가로서 십 수년에 걸친 경험을 〈그림과 그림값〉이라는 책을 통해 소개했던 김재준 교수(국민대·경제학)이다.

그가 최근에 발표한 논문 '시각 예술의 국제적 비교'에 따르면, 한국의 국내총생산(GNP)은 세계 16위이지만 시각 예술 경쟁력은 26위에 불과했다. 게다가 예술 인프라나 예술가 공급에 비해, 그 수요는 매우 저조한 것으로 조사되었다. 후원자(투자자) 9명이 참여한 아트라이프숍은 예술의 수요 증대에 초점을 맞추고 있다. 예술에 관심과 욕구가 있어도 방법을 몰라 주저하는 이들에게예술 공급자를 직접 연결해 주겠다는 의도이다.

한국경제뉴스 〈벤처마당〉 아트라이프숍, 순수예술 대중보급 '大모험'

순수 문화예술 상품에 대한 소비자들의 안목을 길러주고 풍요로운 문화생활을 누릴 수 있게 도와줄 길라잡이 사이트가 등장한다.

아트라이프숍(대표 김재준)은 오는 13일 사이트 (ArtLifeShop.com)를 열고 웹진 서비스를 제공한다고 밝혔다. 경제학자(국민대 경제학과 교수)이면서 미술수집 분야에서 일가를 이룬 것으로 유명한 김재준(40) 사장은 "팝.록 음악 등 대중 문화와 관련된 사이트는 많지만 순수 예술분야에 대해 미디어 기능을 제대로 해 주는 곳은 많지 않다"며 사이트 개설 동기를 밝혔다.

필진에겐 신인 작가의 미술품을 6개월에 한 번씩 원고료로 지불하는 등 새로운 "문화벤처" 실험도 실시한다.

"연간 5~6명의 30대 젊은 작가들을 후원해 전시할 수 있는 기회를 제공할 것, 이밖에 지방 자치단체의 문화정책 관련 컨설팅도 할 계획이다."

법보신문, '똑같은 웹진은 가라'

아트라이프숍(artlifeshop.com)은 국민대학교 김재준(국제통상) 교수가 중심이 되어 40명의 각계전문가들이 우리 문화예술의 진흥이라는 목표로 뜻을 모아 문을 연, 예술과 생활의 연결고리를 찾아주는 순수 문화예술 전문 웹진이다.

현대미술의 이해나 음악의 이해 등 이론적인 이야기 외에도 그림 값 이야기, 오페라 즐기기, 와인 상식 등 예술의 광범위한 영역을 소개한다.

주간 동아, 경제학자가 일러주는 "고급문화 내 것 만들기"

웹진 artlifeshop.com에는 불교의 육근(六根-眼耳鼻舌身意)적 사고로 분류된 여섯 가지 분야를 생활 속에서 향유 할 수 있는 비법이 37명의 전문 필진에 의해서 상세히 공개돼 있다. 그런데 '점잖은 교수'가 왜 굳이 웹진의 이름에 Shop이라는 단어를 넣었을까. 그것은 바른 소비-명품을 알아보는 안목, 문화를 즐길 줄 아는 안목이 있는 사람이 늘어 갈수록 창조적 예술도 이를 자양분 삼아 발전하게 된다는 의도 때문이었다.

ALS그룹의 모든 활동 방향은 미술품 수집을 돈이 아주 많은 사람만 할 수 있다고 여기는 사람, 화랑가 문턱 넘기를 마치 다른 세상으로 진입하는 일 인양 아는 이들에게 고급문화가 기실은 별 거 아니라는 데에서부터 출발한다. 안목이 있으면서 검소하게 사는 것은 멋있지만 안목이 없어서 무턱대고 싸구려를 쓰거나 비싼 물건만 찾는 것은 영원히 문화예술적 후진성 속에 사는 지름길이라는 사실을 알려주고 소비 안목을 개선시켜주는데 초점이 맞춰져 있다.

중앙일보, 아트라이프숍(artlifeshop.com), 삶과 예술의 정취가 있는 곳

1년 전 아트라이프숍(artlifeshop.com)이 오픈했을 때 경제학박사인 국민대 김재준교수가 문화예술 사이트를 운영한다는 점이 흥미로워 호기심에 들어가 본 것이 이제는 즐겨 찾는 사이트가 돼 버렸다.

그저 취미생활이나 예술에 대한 관심 어린 애정이려니 하고 보기에는, 콘텐츠의 다양함과 전문성이 전공자들을 무색케 할 만큼 깊이가 있고, 예술과 문화에 대한 정취를 느끼게 한다.

이 사이트는 미술, 음악, 연극, 식문화 및 차와 허브, 요가, 기공, 명상 등 모두 7개로 구분돼 삶과 예술, 삶과 문화에 대한 전문 필진들의 칼럼과 전시.공연 정보 등을 싣는다.

주간동아, '삼각산 문화 밸리' 조용히 뜬다

예술인·학자들 둥지 튼 서울 통의·부암동 일대 … 상업주의 멀리한 '집' 중심 문화운동 확산

통의동에서 시작해 부암동을 거쳐 평창동과 국민대까지 이르는 공간에서 일어나고 있다. 이는 광화문 서쪽, 글도 쓰고 개인전도 여는 작가인 국민대 김재준 교수의 아이디어를

따르자면, '삼각산 문화밸리'에 해당한다.

"처음엔 대학의 문화 사업 구상이었는데, 삼각산 계곡에 사는 사람들이 자발적으로 문화운동을 벌이고 있어서 넘겨주었다. 올해부터 대학에서 '몸으로 표현하기'라는 예술강좌를 시작하는데, 이것은 내 나름의 삼각산 문화 밸리 참여가 될 것이다."

정릉벤처밸리와 국민대

"우리 학교 앞에는 갈 데가 없다." 신입생들이 흔히 하는 말이다. 심지어 최근에 홍익대 경제학과가 국민대 경제학과보다 입학성적이 조금 나은 이유가 홍대 앞에는 대학가가 형성되어 있기 때문이라고 한다. 이만큼 학생들은 변하고 있다. 학교 안팎으로 재미가 필요하다.

최근에 전국적인 벤처 붐이 불고 있다. 직원 68명인 새롬기술의 주식 시가총액이 현대자동차의 주식 시가총액을 능가하는 상상을 초월하는 일이 벌어지고 있다. 황금알을 낳는 시장으로 인식되면서 현재 100개가 넘는 창업투자사가 설립되고 있으며, 금년에 벤처산업에 투자예정으로 있는 자금은 엔젤펀드까지 합하면 약 7조에 이르고 있다.

테헤란로가 한국 벤처의 중심으로 부상하고 홍릉에도 벤

처밸리가 태동되고 있다. 필자도 홍릉에서 5년을 보낸 적이 있지만 대학교, 연구소가 밀집한 환경이 자연스럽게 벤처의 산실로 연결되고 있는 것이다. 국민대 앞에는 대학가도 없고 주변에 연구소, 벤처 기업도 없이 마냥 고립되어 있는 것처럼 보인다.

최근에 인터넷 매거진 ArtLife-Shop.Com을 만들면서 필자는 국민대만이 갖고 있는 장점을 많이 발견했다. 첫째, 학교 주변에 대한민국 최고의 주택가가 있다. 동쪽으로는 성북동, 서쪽으로는 평창동, 구기동, 부암동, 청운동으로 연결이 된다. 진짜 부자는 강남 아파트에 살지 않고 국민대 주변 주택에 살고 있다. 둘째, 북한산을 학교 정원 같이 쓸 수 있는 천혜의 자연환경이 있다. 시간이 지날수록 이 자연의 가치는 더욱 커질 것이다. 셋째, 국민대 조형대는 전국에서 1, 2 위를 다투는 우수한 교수진과 학생들이 있다. 인터넷 경제 시대에 디자인의 중요성은 더욱 커질 것이고 새로 생긴 예술대와 연계하여 큰 시너지 효과를 낼 수 있을 것이다.

시대의 변화에 가장 대응이 늦는 곳이 대학이라는 비판이 있다. 국민대가 가진 이런 장점이 거의 활용이 되지 못하고 있다. 그러면 어떻게 해야할 것인가? 그 해답은 해공 신익희 선생이 지으신 학교 교훈, 이교위가(以校爲家)에 이미 들어 있다고 생각한다. 학교를 "즐거운 우리 집"으로 바꾸어 주는 것이다. 학생과 교수가 생활하기 좋은 공간을 만들어 주는 것이다. 학교 시설을 활용한 현악사중주, 연극공연, 미술전시회부터 재즈, 팝 가수의 공연 등 각종 문화행사를 계속 유치하고 학교 내에 카페, 영화상영관 등 새로운 공간을 많이 만드는 것이다. 자연스럽게 지역 주민들의 참여를 유도할 수 있다. 한양대, 세종대는 음악회를 유치하고 티켓을 학생에게 나누어 주고 있다고 한다.

창조는 유희와 통하고 만남에서 나온다. 일본이 낳은 세계적인 패션디자이너 이세이 미야케는 미술가, 건축가, 무용가들과 계속 만나면서 서로가 끊임없이 예술적 영감을 주고받는다고 했다. 그러나 그 만남이 이루어지기 위해서는 모두가 즐겁고 편안하게 즐길 수 있는 공간이 필요하다. 세계적인 문화도시들은 모두 경제적 번영을 누리고 있다.

스탠포드 법대 학장이 취임 인터뷰에서 로스쿨의 목표를 실리콘밸리를 지원할 수 있는 유능한 법률가들을 양성하는 것이라고 언급하는 세상이다. 실리콘 밸리는 스탠포드 대학에서 출발하였다. 테헤란 밸리에는 중심이 될 수 있는 학교가 없다. 사실 진짜 밸리(계곡)에 입지하고 있는 것은 국민대뿐이다. "정릉밸리"라는 말을 신문에서 볼 수 있는 날을 꿈꾸

어 본다. 그것은 가능하다고 생각한다. 출처: 국민대학교 신
문방송사

　위의 2개의 밸리에 이어서 생각할 수 있는 것이 경복궁역
에서 서촌, 통의동, 효자동, 청운동을 거쳐 부암동, 신영동,
평창동을 거쳐 마지막 데스티네이션 국민대에 이르는 문화
예술 지대이다. 이를 "아트밸리"라고 불러 보자. 경복궁역의
K, 국민대의 K를 따서 KK 밸리라고 부를 수도 있겠다. 국민
대는 하나의 고립된 섬이다. 바깥세계를 캠퍼스 안으로 불러
들이고 적극적으로 주변 지역으로 자신을 확산하여야 한다.
한국의 모든 대학교들이 상아탑이라는 고립에서 탈출하는
것이 시대적 명제가 되었다.

중앙일보, 김재준 교수, 교수에서 벤처사장 변신

　미국 프린스턴대 경제학 박사 출신으로 미술문화 운동가
인 김재준 국민대 교수와 하버드대 건축학 전공의 리빙디자
이너인 이영환 한양대 교수. 두 교수가 최근 의기투합해 벤
처사업에 나섰다. 15억원을 들여 주택리빙 온-오프 사이트
인 '쎈시아' (http://sensia.co.kr)를 오픈한 것.

　김재준 교수는 "미술에 이어 주택 문화로 또 한차례 외도

에 나섰다"며 "아파트 리모델링에서 생활문화 전반까지 다양한 콘텐츠와 서비스를 제공할 계획"이라고 설명했다. 쎈시아의 주력상품인 '트렌드 업 패키지'는 단순한 아파트 인테리어 차원을 넘어 시행자. 시공사. 입주자 사이에서 고객의 취향에 맞게 삶의 공간을 만들어주는 서비스다. 고객이나 회원은 3차원 인터넷 가상공간에서 아파트 구조변경은 물론 가구나 전자제품, 조리기구까지 다양하게 골라 배치하는 등 토털 모델하우스를 볼 수 있다.

"창업을 한다는 것의 마음은 예술과 통한다."라는 주제로 화가가 장래 희망인 학생과 〈화가처럼 생각하기〉필자인 나와의 채팅 내용을 소개한다.

학생 저는 낙서를 많이 합니다. 대충 수첩에 펜으로 끄적이는 식이지요. 주로 밥을 먹거나 차를 마실 때 낙서 많이 해요.

선생 이 낙서를 또 이렇게 해보세요....가령 내가 낙서한 시간을 옆에 적거나 낙서한 장소, 그 때 먹은 음식, 그 때의 심리적 상황. 그러니까 그림과 그 그림을 그릴 때의 상황을 같이 하루 종일 기록하는 것이죠.

학생 음.. 조금 어려워요~

선생 이건 하나도 어려운 것이 아니구요. 이미지와 무언가를 연결해 보는 것이거든요.

학생 왜 그런 이미지를 생각하게 되었는가... 그런거요??

선생 그게 아니고 그냥 그 상황을 기록. 의미 부여가 아니라, 그 기록이 쌓이면 그것이 힘을 발휘하게 됩니다. 미술은 머리 좋은 사람이 머리 나쁜 사람이 만든 것 같은 작품을 만드는 것.

학생 해 볼게요.~ 해보기 전에는 모르니까.. ^^

선생 그러니까 정말 무식하게! 하루 종일 집요하게! 내가 한 낙서와 그 때 시간 내지, 장소를 기록해 가면, 그 기록이 6개월 쌓였다고 해 보아요. 사람들이 질려 버리죠. 그런 집요함이예요. 이 때 나는 세상을 보는 눈이 바뀌는 것이고...반복한다는 것이 정말 의미심장한 것이구요.

학생 네. 내공이 달라질 것 같아요

선생 그냥 일상 생활 중에 생각이 날 때마다 그냥 10초면 될 것 같아요.

학생 일기처럼..

선생 그렇죠.

학생 ^^

선생 그런데 하루 종일 쓰는 일기

학생 ^^ 하루 종일 짤막하게

선생 나중에 보면 그 낙서의 의미가 나타나죠. 그러나 처음에 의미 부여는 필요 없구요.

선생 하루 종일 낙서를 한다는 것 자체가 조형어법.

학생 네... 진솔하게

선생 무얼 그렸는지는 중요하지 않구요. 솔직하게 그냥 하면 되요.

학생 네~~

선생 사실 평상시에 하던 것이죠.. 무의식적으로 그런데 그걸 약간 관점을 바꾸어...

학생 의미없이 지나치던 것에 의미를 주는 의미 있는 일

선생 가령 작은 스케치 북을 사서 기록해가면 일주일에 스케치 북 하나가 다 채울 것이에요. 그 스케치북이 1년 후에 보면 50권이 넘게 쌓이죠. 만약 10년을 하면⋯..

학생 와...

선생 그 집요함에 사람들은 손을 들죠. 프로는 이런 사람들이에요. 아마추어는 일주일 하다 포기하죠. 이런 심리 상태를 체험해 보자는 것이 우리의 목표에요.

학생 넵.. 찔리는 부분이 있네요.. ㅠㅜ

선생 사실 1달만 해봐도 엄청 느끼는 게 많거든요. 내가 화가처럼 생각하고 있다는 것을 발견할 수 있어요.

학생 네.......... 화가처럼..

선생 일상의 기록 ⋯ 집요함⋯

김재준(경제)교수, KCC 금강고려화학 사외이사 선임

KCC 금강고려화학은 27일 이사회를 열고 신임 대표이사 사장에 김춘기 영업본부장(58)을 선임했다. 사외이사로는 안형원 외교통상부 외교안보연구원 명예교수, 김재준 국민대 경제학부 교수, 김건일 전 금강고려화학 전무 등이 선임됐다.

김재준 교수, 데이타 사이언스 경영학회 임원 선임

국민대학교 김재준 교수가 데이터 사이언스 경영학회 https://gmdsa.org/home/ 의 임원으로 선임되었다. 이곳은 계산통계학, 컴퓨팅, 계량 경제학등 자연과학, 공학, 사회과학 등에 퍼져있는 계산과학 방법론을 기업 경영의 각종 문제를 해결하는데 활용하는 연구자들의 모임이다.

예술, 인문학, 경제학, 인공지능(AI)을 키워드로 연관관계를 그려 보면 다음과 같다. ChatGPT 관련 감성경영학회와 함께 인공지능의 현재와 미래를 주제로 포럼을 개최할 예정이다.

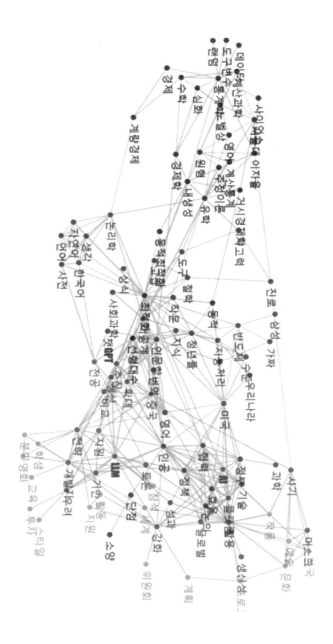

다빈치 스쿨을 제안하다

(국민대에 제안한 것이지만 비슷한 규모의 다른 대학들에게도 마찬가지로 시의적절한 것이라고 생각한다. 문제는 이를 실천할 리더쉽과 의지가 있느냐 이다.)

1. 도입 취지

1.1. 최근 대학교육 동향

- **인공지능 발달과 제4차 산업혁명 도래는 대학교육의 근본적인 변화 초래**
  - 기존 지식의 진부화(obsolescence)와 전문가 집단의 소멸 위기

- **학령인구 감소와 대학정원 축소 가능성**
  - 소비자의 선택을 받지 못한 대학은 쇠퇴
  - 특수 전문대학 (의대, 약대, 로스쿨) 미 보유 대학의 위기
    - ➡ 걱정할 필요는 없다. 진정한 위기는 대학의 본질에 대한 질문!

- **COVID-19 사태로 촉발된 오픈 코스의 실험**
  - 대면 교육(오프라인 교육)의 차별화와 혁신 필요

1.2. 실용의 위기

- **국민대학은 실용 중시 학풍에 따라, 다음과 같은 교육체제 유지**
  - 학과 간 융복합 환경 조성 시도
  - 다양한 실무·실용 전공 개설
    (ex. 정보보안암호수학과, 나노전자물리학과, 발효융합학과)

- **실용 학문의 위기 → 가까운 미래의 위기**
  - 기계학습과 인공지능의 빠른 발전은 다양한 분야와 접목, 실용 학문의 의미 퇴색시키고 역할을 대체
  - 기존 수요에 따른 공급 방식 교육은 한계에 봉착
    → 새로운 수요를 창출시키는 교육의 필요성
  - 고도화된 사회에서는 양산형 인재보다 소수의 전문가, 리더를 필요로 함

국민대학의 새로운 교육 가치관 정립과 혁신적인 교육제도 도입을 통한 쇄신이 필요한 시점

2. 다빈치 스쿨

2.1. 배경

- **필립스 엑시터 아카데미 + 이튼 스쿨 + 리드 칼리지**
  - 1781년 설립된 명문 사립고교로, 일종의 대학 예비 과정 운영
  - 페이스북의 창립자인 마크 저커버그의 모교로도 유명 ([붙임 1] 참조)
  - 학교의 슬로건 "사고하라, 토론하라, 그리고 질문하라"는 교사와 학생간 토론을 중시하는 학풍 반영

- 학업 이외의 예체능 교육(음악, 미술, 체육 등)을 병행하며, 이는 모든 명문 보딩 스쿨들의 공통점 → 이 체험을 위해 왜 큰 돈을 들여서 외국으로 가는가? 한국에서도 할 수 있다.

- 인문 및 예체능 교육의 중요성
  - 현행 고교 교육과정은 대학입시 위주의 주입식 교육으로 획일화(다양성부족)
  - 예체능을 통한 개인의 창의성과 학습능력의 계발
    ex) 스포츠(육상/수영/암벽등반)를 통한 자신의 한계 인식과 도전 및 공동체 정신 배양
    ex) 음악과 미술을 통한 감성적 지적 훈련과 사물에 대한 새로운 시각 획득([붙임 2] 참조)

- 문/이과 통합형 교육
  - 수학은 21세기 인간 능력을 재는 척도, 통계학은 빅데이터 시대의 필수 소양
  - 인공지능 번역의 발달은 의사소통의 편리함을 제공함과 동시에, 빠르게 다른 언어를 습득할 수 있는 기회 제공. 언어의 확장을 통해 시야를 넓히고, 고전 원문 읽기(라틴어)를 통해 인류 문명의 근본을 이해 → 새로운 사고의 바탕이자 출발점

- 학습능력의 극대화
  - 빠르게 변화하는 사회에서의 핵심은 변화에 빠르게 적응하고 이를 선도하는 능력
  - 다빈치 스쿨의 핵심은 순수한 교양인의 양성이 아닌, 학습능력의 극대화를 통한 진정한 실용정신의 구현
  - 공부법, 신체적 훈련, 감정조절과 문제해결 능력까지 모든 것을 가르쳐 멀티 플레이어 인재로 거듭나게 하는 것

2.2. 개요

- **학교 속의 학교**
  - 기존의 교양, 전공 이수 교칙의 자유성을 보장
  - 다빈치 스쿨 내의 엄격한 교양교육 과정 이수와 본 전공(단일 또는 복수) 선택
  - 단과대학 수준의 자율성 및 독립성 보장

- **학점 이수 및 졸업 관련**
  - 1/2학년: 다양한 교양교육 실시를 통한 학습능력 배양
  - 3/4학년: 본 전공 선택
  - 논문졸업제 채택 및 국내외 학술지 게재 목표

- **학교 지원 사항 (학생으로부터의 제안)**
  - 학생당 개별 연구공간 보장 → 개인공간 확보를 통한 효율적 학습 및 창의성 증진
  - 분야별 멘토 확보 및 1:1 매칭 및 관리
  - 과정 이수 진행도에 따른 보상 차등 적용을 통해 동기 부여
    ex) 기업 인턴쉽 보장, 조건부 장학금 제도

- **학생 활동**
  - 다빈치 스쿨만의 고유한 학생활동 지원 및 정규 프로그램화
    ex) 서남표 전 카이스트 총장, 10억여원의 학교 기금을 학생투자펀드에 운용자금으로 지원. 카이스트 경영대학의 대표적인 학생 활동으로 자리매김함과 동시에 홍보효과
  - 타 학교 및 교육기관과의 교류 추진

2.3. 예비실험

- **조형대에서 새로운 교양교육 실시: 유럽언어와 디자인**
  - 라틴어, 프랑스어, 스페인어. 이탈리아어, 독일어, 네덜란드어

6개국어의 기초문법을 배우는 언어적 통찰력 훈련과 노래와 시를 통해 각 문화의 감성을 이해하고 이를 디자인의 각 분야에 적용

– 시각디자인과 학생은 패션을 만들어 보고 공간디자인과는 타이포그라피를 만들어 보는 영역간 크로스오버 체험을 해 보는 것이 목적

– 조형대 20명, 일반전공 10명으로 인원수 제한

• 다빈치 스쿨 교과과정

Da Vinci School for the Future Mind

			전문 교양교육 Liberal Art		
르네상스 과정	1학년 Breadth	1학기	수학 (신체적_visual)	논리학(K/E)	읽기 (그리스고전)
		학점	3	3	3
		여름학기	한문과 동양 고전 I	예체능탈락자 재수강수업	자유과제
		학점	3	2	1
		2학기	수학(E)	통계학	읽기 (중세와 근대문학)
		학점	3	3	3
		겨울학기	유럽언어 또는 아시아언어	예체능탈락자 재수강 수업	자유과제
		학점	3	2	1
	2학년 Breadth	1학기	수학/과학	통계학/ 프로그래밍	읽기/쓰기 워크샵
		학점	3	3	3
		여름학기	리서치와 창작	summer school 교사되기	
		학점	3	2	
		2학기	수학/과학	통계학/ 프로그래밍	쓰기 세미나
		학점	3	3	3
		겨울학기	여행/자유시간		
성적 부과			A / B / F		
전공 과정	3학년	Depth	데이터 사이언스	생물학/자연과학	언어/인문학
	4학년	Depth	데이터 사이언스	생물학/자연과학	언어/인문학
	5학년(옵션)	Depth	데이터 사이언스	생물학/자연과학	언어/인문학
학교안의 학교	세상에서 가장 어려운 초급과정을 만든다				
	우리에게 필요한 것은 재능이 아니라 용기다.(모토)				
	정원 30명		기존 교과과정에서 독립된 학교안의 학교		
	2학년 여름방학에 고등학생을 위한 영재교육에서 직접 가르치기 체험				
	읽기 (고전문학과 역사)	호메로스 일리아스	그리스 비극	단테의 신곡	투키디데스 펠로폰네소스 전쟁사
	읽기 (현대문학과 현대사,K/E)	멜빌의 모비딕	프루스트	제임스조이스/ 사무엘베케트	카프카

Da Vinci School for the Future Mind

전문 교양교육 Liberal Art		예체능		
라틴어초급/로마사	유럽언어의 이해 (불/독/네/이/스 문법)	무용 (움직임의 이해와 메타인지)	성악 (발성훈련, 음악사)	미술 (드로잉과 서예, 동서양미술사)
3	3		2	2
		체육(Strength/유연성)		
		1		
라틴어중급/로마고전	한문과 동양 고전 II	체육 달리기, 수영, 테니스	음악(클래식/대중음악의 철학적이해)	미학개론 (wine, tea, coffee, 감각훈련)
3	3	2	2	2
		체육(Strength/유연성)		
		1		
철학 I (E/F/D)	중세영어/셰익스피어	체육 (단체스포츠 암벽등반)	연극 (셰익스피어와 연기훈련, 감정표현)	미술 (사진/디자인/패션)
3	3	2	2	2
		체육(Strength/유연성)		
		1		
철학 II (E/F/D)	현대영문학	무용 (발레와 현대무용)	국악 (판소리와 연주)	미술 (창작과 전시기획)
3	3	2	2	2
여행/자유시간				
A / B / F		Pass / Fail		
사회과학	예술			
사회과학	예술			
사회과학	예술			
세상에서 가장 어려운 초급과정을 만든다				
우리에게 필요한 것은 재능이 아니라 용기다.(모토)				
건축가 Peter Zumthor: 천장이 높은 학교				
프랑스어: F	독일어: D	한국어: K	영어: E	
마키아벨리 군주론	세르반테스 돈키호테	셰익스피어		
버지니아 울프	보르헤스	현대시	미시사	

[붙임1] 저커버그와 리버럴 아트(Lib eral Arts)

어릴 적부터 게임을 좋아하고 컴퓨터 게임을 만드는 것을 좋아했던 마크 저커버그는 하버드 대학에 진학하기 전, 미국의 보딩 스쿨인 필립스 아카데미에서 수학하였다. 필립스 아카데미는 교사와 학생들이 Harkness Table이라고 불리는 원탁에 둘러 앉아 진행되는 토론 수업으로 유명한 세계 최고의 명문 보딩 스쿨이다.

이곳의 교육이념은 학생의 전인적 성장을 목표로 하는 것으로 알려져 있는데, 저커버그는 필립스 아카데미 시절, 물리학, 수학같은 과학영역뿐만 아니라, 라틴어, 고대 그리스어, 히브리어 등 서양 고전 연구 과목에 큰 관심을 보였다고 전해진다. 저커버그는 이 학교에서 다양한 스포츠를 즐기기도 하였는데, 특히 펜싱팀 주장을 할 정도로 펜싱에 두각을 나타냈다고 한다.

저커버그가 세계 최연소 억만장자의 대열에 오르고 인류 역사에서 가장 창의적인 사람의 하나가 될 수 있었던 것은 선천적인 천재성에서 온 것이 아니라, 그가 받았던 필립스 아카데미의 특별한 교육 방식에서 비롯된 것일 지도 모른다. 이 학교의 교육 과정은 수동적인 습득보다는 능동적인 배움과 창조의 과정에 초점을 맞추고 있는데, 모든 학생들이 필수적으로 스포츠나 과외활동에 참여해야 하며 졸업 전에는 스스로 정한 하나의 프로젝트를 제출하고 우수성을 인정받은 학생에게는 발표회나 전시회의 기회가 주어진다.

학생들은 최고의 결과물을 창출하기 위해 거의 전분야에 걸쳐 포괄적인 지적 훈련을 받게 되는데, 인류의 위대한 창조적 사고의 결과물들을 분석하고 베끼고 모방하는 연습을 거듭하면서 감각적이고 종합적인 지적 과정을 배운다고 한다. 저커버그의 성공 뒤에는 바로 이러한 통합 교육의 철저한 지적 훈련이 뒷받침되었던 것이 아닐까?

필립스 아마데미와 저크버그의 사례는 창의적인 능동적 배움이 어떻게 해야 가능할 수 있는 지를 보여준다. 즉, 능동적으로 이해한다는 것은 그것을 '어떻게' 다루어서 새로운 것을 만들어 낸다는 것을 의미한다. '어떻게' 다루는 지를 알기 위해서는 기존의 수동적 지식들을 광범위하게 포섭하는 훈련이 반드시 필요하다. 인류의 위대한 지적, 예술적 창조물들을 배워야 하는 이유가 여기에 있다.

[붙임2] 애플 매킨토시 서체의 탄생과 리드대학의 인문 교육

"내가 리드대에서 서체(書體) 강의를 듣지 않았다면 매킨토시 컴퓨터의 '아름다운' 글꼴을 디자인할 수 없었을 것이다."

미국 애플컴퓨터의 창업자이자 최고경영자인 스티브 잡스가 유고 전에 스탠퍼드대 졸업식에서 했던 유명한 축사가 있다. 그는 리드(Reed)대학에 다니다가 비싼 학비 때문에 6개월만에 자퇴한 뒤, 1년 6개월 동안 청강생의 신분으로 공부했다고 전해진다. 이때 그가 들은 강의 가운데 하나가 캘리그라피 강의였으며 10년 뒤 매킨토시 컴퓨터의 폰트(글꼴)를 디자인할 때 영감이 됐다고 한다.

교양 (리버럴 아츠) 중심 대학으로 설립되어 100년 가까이 석,박사 과정 없이 오직 학부 교육만을 고집하고 있는 리드대학은 재학생들을 여느 박사 전공자 못지 않은 지식인으로 만들어 내는 것으로 유명하다. 입학 후 첫 1년은 의무적으로 '교양' 과목을 이수해야 하며 그리스와 로마 고전(古典)과 씨름해야 한다. 이를 위해 호메로스의 '일리아드', 헤로도토스의 '역사', 플라톤의 '공화국', 아우구스투스의 '고백록' 등 고전 40여 권을 읽어야 하고 엄청난 독서량을 소화해내야 한다. 리드 대학의 가장 큰 특징은 과학, 수학, 인문학 전공자들이 광범위하고 철저한 예술 훈련을 받는다는 것이다. 예술에서 활용되는 상상의 도구들을 적극적으로 다른 과목에 적용시키도록 훈련 받음으로써, 학생들은 언어와, 수, 이미지들을 자유롭게 활용하여 자신의 생각을 펼쳐낼 수 있도록 성장한다.

리드대의 또 다른 특징은 모든 강의가 교수와 학생 간의 대화로 진행된다는 점인데, 교수 역시 학생과 함께 학문을 깊이 있게 이해하려는 또 한 명의 학생이며, 그저 학생이 스스로 나아가는 것을 돕는 존재라는 인식이 강하게 깔려있다. 응용 과학은 가르치지 않는 전통을 가지고 있는데, 이는 논리적 사고와 감각적 직관의 종합적 통합을 목표로 하는 교육관을 유지하고 있기 때문이다.

스티브 잡스가 리드 대학에서 배웠던 언어를 감각적인 이미지로 바꾸는 통합 훈련이 그를 인류 역사의 위대한 창의력의 소유자로 인정받게 한 디딤돌이었다는 점을 우리는 주목해야 한다. 예술적 감성 훈련을 지적 표현의 도구로 활용함으로써 맘껏 상상하고 표현하도록 연습하는 것이야말로 통합 교육의 최선의 방법일 수 있기 때문이다.

꿈을 크게 가졌으면 좋겠다. 한국에서 랭킹 12위의 학교를 만드는 것이 목표가 아닌, 랭킹을 파괴하고 초월하는, 학교랭킹의 기준을 만드는 학교, 한국을 넘어서 세계를 움직이는 인재를 배출하는 학교를 꿈이라도 꾸어 보는 학교를 보고 싶다. 다빈치 스쿨은 그 시작이다.

새로운 학교에 대한 대화록

디자이너 다양성에 원론적으로는 동의하지만 저의 초점은 조금 다릅니다. 현재의 교육 정책도 위의 내용처럼 다양성을 가능한 반영하는 방향에 초점을 맞추고 있지만 다들 만족하지 못합니다. 저 역시 그렇구요. 다양성에는 충분한 몰입이 전제되어야 하는데 그렇지 못한 경우에는 강한 주입식, 줄세우기 교육보다 못할 수도 있습니다. (줄세우기의 치열한 경쟁이 다른 측면에서는 몰입을 만들어내는 효과가 있기 때문이지요)

Me 현재의 교육 시스템이 다양성을 반영하고 있다는 말씀은 전혀 그렇지 않고요. 사실상 다양성을 가장한 획일성일 뿐입니다. 다양성 + 몰입. 둘 다 중요합니다. 새로운 다양성 + 진정한 몰입. 유럽식 전인 교육과 한국식 서당교육의 장점을 전부 흡수한 것. 작은 것 하나를 완전히 이해하려면 불완전하게라도 전체를 모두 알아야 합니다. 스탠포드 비즈니스 스쿨의 서베이. 누가 성공하였는가? 성적 좋은 학생이 아니라 다양한 과목을 들은 학생. 잘하는 것이 아니라 체험이 중요할 때도 있습니다. 한국사회가 스티브 잡스를 원하지 않는다는 말씀 공감하구요. 더 본질적인 문제이지요. 이런 생각이 듭니다. 한국사회가 스티브 잡스를 원하지 않지만, 즉 한국 대학교도 스티브 잡스를 원하지 않지만, 다빈치 스쿨을 통해서 예상외의 효과로, 최소한 스티브 잡스를 길러내는 조직을, 그것을 원하는 하나의 작은 학교를 만들 수는 있다. 한국사회가 변하기를 기다릴 수는 없으니까. 하지만 언젠가는 변하리라고 생각하고 미리 앞서 나가는, 이것은 실패할 수도 있지만 (성공할 거에요), 그런 작은 학교 안의 학교를 만들어 보자. 누가 먼저 치고 나가느냐가 문제이다. 교육 스타트업을 하나 만들어 보려고 합니다. 고대 그리스적인 르네상스적인 자유인이 되는 방법을 같이 고민하는 컨설팅회사. 과거의 몽상은 현대의 실용입니다. 상상력이 부족한 개인과 학교와 국가는 실패합니다.

국민대 졸업생 디자이너 분의 우려에 대하여 충분히 이해하고 있습니다만, 저 또한 교수님의 말씀처럼 사회변화를 수동

적으로 기다리기보다 도전이 필요한 시점이라고 생각
합니다. "가만히 있으라"는 사회분위기에 맞설 "가만
히 있지 않는 자"를 양성해 내는 교육과 이를 통한 변
화가 국민대에서 시작되면 좋겠습니다. 저는 이런 희
망을 품고 있는 학교를 적극 응원합니다.

나의 다빈치 스쿨 체험기

"인생은 B(Birth)와 D(Death)사이의 C(Choice)이다",

Jean Paul Sartre

내가 경험하고 있는 보위옥(이 곳은 배움에 열정과 호기심을 가진 모든 이들에게 다빈치 교육을 하고 있는 곳이다.) 에서의 특별한 공부법은 사르트르의 이 말에 저항하는 것이다. 다시 말하면, 사르트르가 강조했던 '선택하기' 그 자체를 거부하는 수업이다. 그러나 이 배움은 또한, '모든 것을 동시에 선택하는' 수업이라고도 말할 수 있다.

이 수업은 우리가 '공부' 라고 부르는 것에 기대하는 일관된 논리적 구성이나 인과적 순서를 거부한다. 따라서 정밀하게 설계된 수업 계획안이나 커리큘럼이 없다. 모든 수업이 일회적이고 즉흥적이라고도 볼 수 있다. 수업 장소도 마찬가지다. 마치 유목민들이 가장 싱싱한 풀을 찾아 다니듯 이곳 저곳으로 옮겨다닌다. 보위옥에서의 배움은 고정된 체계가 전혀 없지만, 중요하게 요구되는 한가지 태도가 있다. 그것은 지적 능력이나 재능, 교양 같은 것이 아니다. 오직 지칠 줄 모르는 호기심과 음악 같은 몸 상태이다.

'아무것도 선택하지 않으면서, 동시에 모든 것을 선택하는' 이 역설의 수업 방식은 이러하다. 인간이 배울 수 있는 거의 모든 언어와 예술의 초급 단계를 공부한다. 문학, 외국어, 철학, 역사, 시각예술, 무용 등등… 하나를 배우고 다음으로 넘어가는 순차적인 방식이 아니라, 이것들을 모두 '동시에' 전방위적으로 배워나간다. 고전과 현대의 시간을 '동시에' 경험하면서.

이를 테면, 라틴어와 유럽 언어들의 문법을 하루만에 배워서 일리아스의 첫 문장과 신곡의 첫 구절과 돈키호테의 첫 문단을 읽고 번역하기, 카라마조프와 성경과 금강경을 동시에 읽기, 모비딕과 페소아의 시를 함께 읽기, 횔덜린과 백석의 시를 비교하며 읽기, 보르헤스의 시를 번역하면서 미술가 에바 헤세의 문장과 연결시키기, 화가이면서 동시에 관람자, 평론가의 눈으로 현대 미술 감상하기, 버벌진트처럼 라임을 맞추어 이어달리기처럼 단체 랩 만들기, 하나의 주제를 변주

하며 시를 짓고 이미지 만들기, 걷기 연습을 하면서 탱고와 왈츠, 한국 무용의 기본 스텝을 동시에 배우기, 선긋기 부터 행위 예술, 개념 미술을 가로지르며 경험하고 만들어보기, Chat GPT실습, 외국어 노래 부르기, 개성있는 카페 투어 등등… 그야말로 사방팔방으로 무한히 뻗어가는 '혼돈의 공부법'이다.

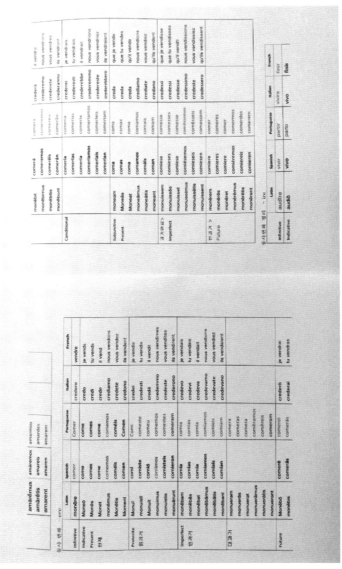

최소의 문법 : 보위옥의 라틴어 수업에서 배운 〈로망스어 동사변화표〉

다빈치 스쿨: Just do Everything

ἐν ἀρχῇ ἦν ὁ λόγος, καὶ ὁ λόγος ἦν πρὸς τὸν θεόν, καὶ θεὸς ἦν ὁ λόγος.

〈헬라어 알파벳을 배워 바로 읽어 본 요한복음 1장 1절〉

이 공부법의 전략은 언어와 이미지의 파편들을 하나도 버리지 않고 계속 'And'로 병렬시키기인데, 다소 어수선해 보일 수도 있지만 아주 재미있다. 가끔 아무 상관없는 파편들이 우연히 연결되며, 일시적으로 어떤 '성좌'를 만든다. 이 별자리는 이질적인 것들의 연결일수록 더욱 아름답다. 선택하기를 포기한 이 공부법의 묘미는 바로 여기에 있다. 그 반짝이는 아름다움을 보고 기쁨에 들며, 저절로 '유레카'를 외치게 되니까!

이렇게 성좌의 환희를 맛보게 되면, 모든 배움의 중요도에는 그 어떤 위계도 없음을 깨닫게 된다. 민주주의를 관념으로 배우는 게 아니라, 내 몸의 강렬한 체험으로 배우게 된다. 선택하지 않고 동시에 배우는 경험이 주는 아주 특별한 선물이 또 하나 있는데, 나를 점점 동질성과 통일성을 가진 하나의 주체로서 보지 않게 된다. 매순간 이질적인 대상들을 만나며 갱신되는 존재들이라는 느낌을 갖게 되면서, 배움이 마치 마법같다는 생각을 하게 된다.

<스페인 수업에서 번역했던 보르헤스 시의 한 구절 >

¿Cuál de los dos二 escribe쓰다 este poema詩

de un yo我 plural복수 y de una sola sombra그늘/그림자?

¿Qué importa la palabra단어 que me nombra부르다

si es indiviso나눌수없는 y uno하나 el anatema저주?

Which of the two writes this poem

of a plural self and a single shadow?

What does the word that names me matter

if it is undivided and one anathema?

여럿인 나, 하나의 그림자인 나,

둘 중 누가 이 시를 쓰는 것일까?

저주가 같을지면

나를 부르는 이름이 무엇이 중요하랴?

    이 공부법이 저항하는 또 하나의 단어가 있는데, 바로 '창의성'이다. 내가 의식적으로 주도하여 창의적인 것을 만든다는 생각을 버리라는 말이다. 나의 역할은 다만, 생각을 멈추고 내 눈 앞에 섬광처럼 나타나는 신호들을 '놓치지 않고 붙잡는' 것 뿐이라고. 이를 위해서는 감각을 섬세하고 예리하게 단련하는 것이 필요한데, 보위옥의 언어와 예술 수업이

매우 효과적이다.

먼저 이 공부법은 '나만의 생각'이라고 할 만한 것이 없다는 것을 자각하고, 나의 언어 습관을 현자와 고전의 언어들로 바꾸라고 주문한다. 예를 들어, 호메로스와 도스토예프스키의 언어로, 보르헤스의 언어로 말해보기, 대립되는 형용사나 동사를 동시에 중첩시켜 말하기. 또한 몸의 감각과 예술 활동의 동시성을 느껴보기도 요구한다. 가령, 걷기 연습을 할 때 몸의 축을 세우고 체중 이동을 안정적으로 하되 하체는 땅을, 상체는 하늘을 향하고 무겁지만 동시에 가볍게 걷기, 선 긋기를 할 때 자신의 들숨과 날숨을 따라가며 긋기, 라틴어 문법을 피부자아, 구강 공간과 연결하여 언어와 몸을 동시에 인식하며 기억하기 등등.

이렇게 어느 하나를 선택하지 않는 동시성의 훈련을 계속하며 감각을 단련하다보면, 세상의 두터운 겹들을 얇게 미분하여 볼 수 있게 되고, 더 밀도있고 다채롭게 느낄 수 있게 된다. 뜻밖에 완전히 새로운 동시성의 조합들을 발견하게 될지도 모른다. 일종의 '감각의 교육학'을 훈련하는 경이로운 공부법이라고 해야 할까?

< 함께 번역하며 읽은 페소아 시의 일부분 >

Creio no mundo como num malmequer,
I believe in the world like I believe in a marigold(daisy),
나는 데이지 꽃을 믿듯이 이 세상 모든 것을 믿는다,

Porque o vejo. Mas não penso nele
Because I see it. But I do not think of it
그저 보기 때문에 믿는다. 나는 생각하지 않는다.

Porque pensar é não compreender...
Because thinking is not understanding ...
생각한다는 것, 진정으로 이해하는 것이 아니니까.

O Mundo não se fezpara pensarmos nele
(Pensar é estar doente dos olhos)
The world wasn't made for us to think about it
(To think is to be sick in the eyes)
이 세상은 우리 인간이 생각하라고 만들어진 것이 아니다.
(생각은 우리 눈을 병들게 한다.)

Mas para olharmos para ele e estarmos de acordo…
But for us to look at it and to be in agreement
우리가 세상을 바라 보고 마음이 하나가 된다면 그뿐인 것을.

Eu não tenho filosofia: tenho sentidos...
I have no philosophy, I have senses . .
나에게는 철학이란 없다, 나는 그저 느낄뿐이다.

무엇보다 이 선택 거부의 공부법을 통해 얻을 수 있는 가장 큰 감동은 '배움은 답이 아니라 질문하기 위함'이라는 통찰이다. 답을 선택해야 한다는 프레임에서 벗어나야만, 비로소 그 틀을 넘어서는 더 큰 새로운 질문을 만들 수 있다는 점. 그 프레임을 벗어나려면, 선택하여 명료하게 답을 확정짓는 기존의 통상적인 공부법과 보는 법을 바꾸어야한다는 것도. 성급하게 선택하여 최종적인 답을 내지 않고, 애매 모호함을 견디는 힘. '커다란 사기 그릇의 부서진 파편들'의 하나로서, '풀리지 않는 수수께끼'를 향해 서로 다른 방식으로 좋은 질문들을 만들어내는 힘. 지금 나는 보위옥의 다빈치 공부법으로 바로 그 힘을 키워가며, 보고 느낀 것을 더 창의적으로 표현해낼 수 있는, '또 다른 새로운' 내가 만들어지고 있는 것 같다.

이제 사르트르의 말을 이렇게 바꾸어보면 어떨까?

"인생의 B**와** D 사이에는 '**와!**'가 있다!" ('*와!*'는 놀라움의 감탄사이며, 동시에, *And*의 정신) *윤정아, 외환은행 전 외환딜러*

이탈리아어와 라틴어 문법 구경하기

이탈리아어와 라틴어 문법 구경하기: 문법은 재미있다

아주 아주 예전에 잠시 우울했던 적이 있었다. 그러나 이태리어를 2달 배우고 나는 명랑해졌다. 이태리어 때문이었는지 아니면 원래 금방 끝날 우울증, 우울한 느낌의 일시적 지속이었는지는 모르겠다. 그리고 급격하게 이태리어는 나의 뇌에서 사라졌다. 마치 약을 입에 털어 넣고 몸이 좋아지면 약을 먹었다는 사실조차 잊어버리듯이 말이다. 영어와 달리 이태리어는 일상생활에서 쓸 일이 거의 없기 때문에, 이태리 명품 가게 앞을 지나갈 때 한번 조그만 소리로 입 밖에 웅얼웅얼거리는 것이 유일한 이태리어 복습이었던 것 같다. 몇 년이 지나서, 다시 어느날 아침 외국어 공부를 하고 싶다는 생각이 들었다. 다시 이태리어를 해 볼까? 아니면 독일어를 새로 배워볼까? 새로운 일을 시작할 때 마다 광화문 교보

문고는 나의 첫 순례지이다. 초보용 이태리어 책을 사가지고 와서 발음부터 시작했다.

어떻게 발음하는가? 모든 외국어 초급 책은 여기서 시작한다. 이태리어는 무엇보다도 발음하기 쉽다. Armani 아르마니 Roma 로마 Milano 밀라노. 영국사람들은 자기 멋대로 Milan이라고 그런다. Firenze, Florence. 대부분 보이는 데로 그냥 읽으면 된다. 모음으로 끝나는 단어가 대부분이기에 발음하기도 편하고 기분이 명랑해진다. 그렇다면 일본어를 배워도 그래야 하지 않을까? 생각해 볼 문제다. 잘 모르겠다. 생소하지만 친숙한 소리들을 나는 열심히 귀에 주워 담았다. 몇 가지 발음상 주의해야할 것을 공부하고 일찍 잠자리에 들었다. 다음 날 정리한 것을 시험공부 하듯 여기 설명해 보겠다.

먼저 모음: a 아, e 에, i 이, o 오, u 우. (a, i, u는 순수하게 하나의 소리이고 e, o는 열린 음과 닫힌 음이 있다. 밑에 모음 삼각형을 보면 알겠지만 닫힌 '에'는 é로, 열린 '에'는 è로 쓰고, 닫힌 '오'는 ó, 열린 '오'는 ò가 된다. 이 기호를 외우는 방법은 입이 벌어지니까, 즉 입모양이 ○)가 되니까 ` 로 모음 위에 찍는다고 나는 생각했다. 일단은 단순하게 아에이오우만 기억하면 된다.)

Amore Ah-moh-reh 아모레, 사랑, 아모레 화장품

Bene Beh-neh 베네, 좋은, 카페 베네

Vino Vee-noh 비노, 포도주. 영어의 vine

Modo Moh-doh 모도, 패션이라는 의미의 영어의 Mode

Lungo Loohn-goh 룽고, 어쩐지 영어의 Long과 비슷하지 않은가?
그렇다.

책 디자인은 신경 안쓰시나요? 네, 적극적으로 무시하고 있습니다. 있는 그대로 입니다. 인쇄비가 예상 보다 많이 나와서 2도 인쇄를 하기위해서. 칼러도 일부 넣어야 하고. 오탈자도 그대로 두었습니다. 연습문제.

대부분의 자음은 알파벳을 소리나는 대로 읽는다. 신경을 써야하는 것이 c와 g이다. ca, co, cu는 까, 꼬, 꾸로 발음하고 ce, ci는 체, 치로 읽는다. Caffe는 까페, Colore는 꼴로레(영어의 color와 아주 비슷하다. 단어 외운다는 생각을 할 필요도 없다.) Cucina는 꾸치나(영어의 cuisine과 같은 어원이다. 부엌 또는 요리.)

Cena는 체나로 읽고 저녁식사라는 뜻이다. Cinema는 치네마로 소리내고 극장이라는 뜻이다. 우리에게도 유명한 이태리 영화 "시네마 천국"은 원제(原題)는 Cinema Paradiso이고 치네마 파라디소라고 읽는다. 영화관의 이름이 파라디소 즉 천국이라는 뜻으로 직역하면 "천국 영화관" 정도가 되겠다. 영화 천국이 아니다. 그런데 이런 의문이 들 수가 있다. "치" 대신에 "끼"라고 읽으려면 방법이 없나요? 당연히 그럴 수 있다. c 뒤에 h를 넣어주면 된다. Chi는 "끼"로 읽는다. 내가 10년 전에 자주 마셨던 이태리 와인 Chianti Classico는 "끼안띠 끌라시꼬"라고 발음한다. Che는 "께"로 소리낸다. Che는 의문사 무엇(영어의 what)이다. S大, 스탠포드 대학교 어학 강좌에서는 다음과 같이 정리를 해 놓은 것을 또 발견했다.

Italian letters	sound	example word
c followed by o, a or u	hard c	così 꼬지
c followed by consonants other than c	hard c	clima 끌리마
c followed by i or e	soft c	città 치따
c followed by h	hard c	Pinocchio 삐노끼오
c followed by i and additional vowel	soft c, silent i	ciao 챠오

g는 c와 비슷한 원리로 변한다. ga, go, gu는 가, 고, 구로 발음하고 ge, gi는 제, 지로 읽는다. Gatto 갓또, 고양이. Gonna 곤나, 치마. Gusto 구스또, 맛(taste) 그렇다면 Gelato는? "겔라또"가 아니라 "젤라또"일 것이다. 이건 무슨 뜻일까? 과거에는 이 단어를 대부분의 한국 사람들이 몰랐다. 지금은 많이들 안다. 바로 아이스크림. g 다음에 모음 e, i가 오면 "제, 지"로 발음한다. 모음 a, o, u가 오면 g는 "ㄱ"로 읽는다는 것을 다시 한번 더 명심하자.

이태리 아이스크림은 딱딱하지 않고 부드럽다. 하겐다즈 Häagen-Dazs와 다르다. 하겐다즈라는 이름은 하겐 + 다즈의 조어이다. 낙농업 국가로 널리 알려진 덴마크의 이미지와 '아이스크림하면 덴마크산'이라는 대중들의 인식을 이용하려고 덴마크 수도 코펜하겐에서 '하겐'을 따고, 여기에 적당히 음운이 맞는 '다즈'를 조합한 것으로 단어 자체에 심오한 의미는 없다고 한다. 이야기가 옆으로 빠졌다. 다시 이런 의문이 들 것이다. "게, 기" 이런 발음 어떻게 적지? 방법이 있다. c의 경우와 마찬가지로 h를 첨가하는 것. ghe, ghi는 "게, 기"로 읽는다. 따라서 Spaghetti는 '스빠겟띠'이지 스빠젯띠가 아니다. 만약 스빠젯띠라고 하고 싶으면 Spagetti라고 쓰면 된다. Lamborghini는 "람보르기니"로 읽는다. 타 본 적은 없지만 이태리 스포츠카 이름이다. 그리고 gli는 g가 묵음이고 따라서 Migliore는 "밀리오레"가 된다. "더 좋은" 이라는 뜻으로 동대문 밀리오레 패션 쇼핑몰이 한국인에게는 떠오를 것이다. GN은 G가 묵음이고 N이 강하게 소리난다. Gnocchi는 뇨끼, Montagna는 몬따냐로 발음한다. 뇨끼는 감자로 만든 쫄깃한 이태리 요리, 몬따냐는 말하지 않아도 알 것이다. Mountain과 비슷하지 않은가.

이제 자음 몇 가지만 더 정리하고 쉬고 싶다.

H는 프랑스어와 마찬가지로 발음하지 않는다. 영어의 Hotel호텔은 "오뗄"이 된다.

Z는 두가지로 읽는다. Venezia 베네찌아, Grazie 그라찌에 (감사하다.), 그리고 collaborazione 꼴라보라찌오네. 이건 도대체 뭘까? 예술가들을 만나면 자주 나오는 단어이다. 콜라보. 영어의 collaboration의 한국식 약칭으로 화장품과 에니메이션의 만남, 음악가와 미술가의 협업, 이럴 때 쓰인다. Z가 단어 앞에 오거나 모음과 모음 사이에 있을 때는 대부분 "즈"로 발음한다. Zona 조나 구역, Ozono 오조노 오존.

마지막으로 S를 살펴 보자. "스"로 발음되는 경우: Sale 살레 소금 salt, Falso 팔소 틀린 false, Spesso 스뻬소 종종 often, Stella 스뗄라 별 star. 즉 단어 처음에서 s + 모음, 단어 중간에서 자음 + s, ss가 연속, s + p, t, f, q 일 때 [s] "ㅅ"로 소리 난다. "즈"로 발음되는 경우: Snello 즈넬로 날씬한 slender, Crisi 끄리지 위기 crisis. 즉 s + b, d, g, l, m, n 유성자음, −isi, −esi,

"쉬 sh"로 발음되는 경우: SC before I, E는 sh (Scena 쉐나 무대 scene, Pesce 뻬쉐 물고기 fish, Scimmia 쉼미아 원숭이 ape) SC before A, O, U는 sk (Scarpe 스까르뻬 구두 shoes).

유럽 사람들 이름을 들어 보면 빠른 시간 안에 눈치 챌 수 있는 것이 여자 이름들이 아(−a)로 끝난다는 것이다. Anna, Maria .... 이태리에서만 그런 것이 아니라 스페인에서도 Gabriella, Isabella 같은 이름이 많이 쓰인다. 독일에서도 a 아로 끝나는 여자 이름이 상당히 많이 있다. "달콤한"이란 뜻의 Adelina, 곰의 용기라는 뜻의 Nadetta. 남자이름은 특히 이태리 사람 이름은 오(−o)로 마무리된다. Mario, Paolo 등이 있다. 성경에 나오는 사도 바울이 영어로 Paul이고 이

태리식으로는 Paolo가 된다. 비슷해 보인다. 독일에서도 남자아이 이름을 Bernard로 지을 수도 있고 Bernardo로 지을 수도 있다. 곰의 용기라는 뜻이다. 모차르트의 오페라 마술피리(Die Zauberflöte)에는 파파게노Papageno와 파파게나 Papagena 커플로 나온다. 파파제노가 아니냐고 묻는다면 이태리어 발음법을 잘 기억하고 있다는 증거이다. 이태리식으로는 Papagheno라고 써야 파파게노가 된다. 하지만 마술피리는 독일어 오페라이니까 이렇게 썼을 것이다.

영화에 나온 오페라 아리아는 강렬한 이미지와 함께 기억이 오래 간다. 영화 "The Shawshank Redemption"에서 죄수 Andy(Tim Robbins)가 모짜르트 오페라를 허락 없이 교도소 전체 스피커를 통해서 틀어 버린다. 동료죄수 "Red"(Morgan Freeman)은 이렇게 나중에 이야기한다. 이 대사가 음악에 못지않게 인상적이었다.

Red: I have no idea to this day what those two Italian ladies were singing about. Truth is, I don't want to know. Some things are better left unsaid. I'd like to think they were singing about something so beautiful, it can't

expressed in words, and it makes your heart ache
because of it.

레드: 난 지금 이 순간까지도 그 이태리 숙녀 두 사람이 무엇에 대해
노래했는지 몰라. 사실은 말이야, 난 알고 싶지 않아. 어떤 것
들은 말하지 않은 채 그냥 놔두는 것이 더 좋을 때도 있잖아.
뭔가 아주 아름다운 것을 노래했다고 생각하고 싶어. 말로 표
현할 수 없고, 그렇기 때문에 너의 마음을 아프도록 뒤흔들어
놓잖아.

대부분의 경우, 아마도, 잘 모르겠다. 유럽언어가 한국어
나 일본어 보다 훨씬 짧게 표현을 할 수가 있다. **Some things
are better left unsaid.** 이런 표현이 참 마음에 든다. 알고 싶
지 않은 사람도 있겠지만, 알고 싶은 사람이 세상에는 더 많
다고 나는 생각한다. 그래. 바로 피가로의 결혼(Le nozze
di Figaro, The Marriage of Figaro)의 듀엣, "Sull'aria...che
soave zeffiretto." 어떻게 읽을까? 술 아리아 께 소아베 제피
레또. 영어로 직역하면 "On the breeze...What a gentle little
Zephyr) Zephyr는 부드러운 작은 바람이라는 뜻이다. 두 사
람이 끊임없이 대화를 주고 받는다. 청순한 바람이 아니라
욕망의 바람이다. 모르는 것이 좋았을 것이라는 레드의 말은

정말로 그렇다고 할 수 있다. 우리 귀에는 청순하게 들리니
모르는 것이 좋은 것이다.

이태리어 (구조적 질서 이해하기 그리고 기본적인 것만 암기)

Italian nouns inflect by gender and number only:

- two genders: masculine and feminine. 남성 여성
- two numbers: singular and plural 단수 복수
- Nouns, adjectives, and articles inflect for gender and number (singular and plural). 4가지 조합의 변화들. 명사, 형용사, 관사 모두 격변화는 하지 않는다. (대명사는 격변화)

명사, 형용사 어미 변화표

	m	f
s	o	a
p	i	e

정관사 표

	m	f
s	il	la
p	i	le

Verbs 동사

Inflection of standard Italian verbs includes:

- three persons: 1st, 2nd, 3rd. 1인칭 2인칭 3인칭

- two numbers: singular and plural 단수 복수

- four moods:

  Indicativo Imperativo Condizionale Congiuntivo

  직설법   명령법   조건법   접속법

- two voices: active and passive 능동태 수동태

- 8 tenses: 현재, 반과거, 원과거, 미래, 근과거(현재완료), 대과거
  (과거완료), 전과거, 전미래(미래 완료)

- 암기 희망 사항: 직설법 현재, 반과거, 현재완료, 미래; 조건법 현
  재; 접속법 현재, 반과거 (7개)

- 규칙변화동사: − are   −ere   −ire 변화패턴 숙지 (첫날은 일단
  −are의 모든 것을 한다)

- 불규칙 동사: essere, avere 등...

Super Mario

슈퍼 마리오. 이런 게임이 있었다. 일본회사 닌텐도의 최
고 베스트셀러. 기본적인 이야기는 콧수염에 멜빵바지를 입
은 배관공(配管工, Plumer)인 마리오가 주인공으로 등장해

서 괴수 쿠파에게 납치당해 붙잡혀 있는 피치 공주를 구한다
는 것이다. 왜 여자 주인공은 언제나 잡혀가서 남자 주인공
을 위험에 처하게 하느냐는 말을 할 수도 있겠지만 전래(傳
來) 동화나 민담의 구조가 그러하니 게임도 그런 신화적 구
조를 가지고 있다고 그런다. 왜 남자 주인공의 이름을 마리
오라고 지었을까? 난 그것이 궁금하다. 물론 마리아라고 지
을 수는 없으니까. 이태리 사람들 이름은 같은 어원(語原)의
남자, 여자 이름이 공존한다. Paolo vs Paola, Francesco vs
Francesca, Alberto vs Alberta. 마치 남매의 이름 같은 느낌
이지만 실제로 남매를 그렇게 이름 짓는 이태리 부모는 거의
없을 것이다. 마리오Mario와 마리아Maria에 이태리어의 비
밀이, 어떤 구조가 들어 있다고 나는 생각했다.

Mario: Io sono Mario. 이오 소노 마리오. 나는 마리오야.

　　　　　E tu? 에 뚜? 그리고 너는?

Maria: Sono Maria. 소노 마리아. 난 마리아야.

Mario: Tu sei Maria! 뚜 세이 마리아. 니가 마리아구나!

드디어 처음으로 등장하는 이태리어 문장이다. 인칭대명사와 동사 하나를 배워 보자. "나", 즉 영어의 "I"는 이태리어로 "io", 너는 "tu"가 된다. 영어의 be 동사가 이태리어에서는 essere동사가 된다. 영어의 "I am"이 "Io sono"가 되고 "You are"가 "Tu sei" 이다. 3인칭 단수 남자는 lui, 3인칭 단수 여자는 lei가 되고 직설법 현재 3인칭 단수 동사 "è"는 he is/she is의 "is"라고 생각하면 된다. 입을 더 열어서 발음하는 것이 "è"이다. 반면에 위에 기호가 붙지 않은 "e"는 접속사 "and"에 해당되며, 특히 헷갈리지 말아야 할 것이 e와 è의 구별이다. 잠시 정리를 해 보겠다.

io sono 이오 소노	I am
tu sei 뚜 세이	you are
lui/lei è 루이/레이 에	he/she is

우리는 noi(노이), 너희는 voi(보이), 그들은 loro(로로)다. 각각에 대응하는 essere 동사의 직설법 현재변화는 "siamo 시아모", "siete 시에떼", 그리고 "sono 소노"이다. 1인칭 단수가 sono인데 3인칭 복수가 또 sono인 것이 왜 그런지 이상하지만 일단 그렇다고 알아 두자.

다시 이번에는 영어와 이태리어의 순서를 바꾸어 essere 동사변화표를 만들어 보았다. 그리고 <u>외울 필요는 없다고 한다. 그냥 이해만하면 된다.</u> 외우고 싶은 기분이 들 때까지 자주 꾸준히 보면 된다. 자꾸 이런 표를 만들어 보는 것이 좋다. 따라서 이태리어 인칭대명사 주격 복수를 정리해 보자.

I am	io sono	we are	noi siamo
you are	tu sei	you are	voi siete
he/she is	lui/lei è	they are	loro sono

모든 언어의 문법은 명사와 동사를 배우면 전부를 배운 것이다. 물론 다른 것도 많이 있지만 명사라는 것은 명사뿐만 아니라 명사를 수식하는 모든 것들, 가령 관사, 형용사와 구문론에서 중요한 대명사, 관계대명사를 포괄하는 것으로 이해하면 된다. 동사는 직설법 접속법 명령법의 모드와 함께 현재, 과거, 미래, 현재완료 등의 시제를 파악하고 능동태, 수동태의 차이와 부정사, 현재분사, 과거 분사의 변화를 숙지(熟知)해야 한다. 기초적인 문법을 이해하는 것은 2달이면 되고 기본 어휘 1000개를 알게 되면 미흡하나마 사전만 가지고 책을 읽기 시작할 수 있다. 영어나 유럽 언어의 관계 대명

사는 그들이 문장을 길게 쓸 수 있게 해주는 좋은 도구이기도 하다. 한국어나 일본어는 수식어가 앞에 오지만 유럽언어는 명사를 수식하는 말들이 뒤에 온다. 이 차이가 번역을 할 때 참 문제가 된다. 번역가 이윤기 선생의 해결책은 문장을 둘로 나누라는 것이다. 그러나 프랑스어의 만연체를 살리기 위해서 그래서는 안된다고 주장하는 사람도 있다. 내가 하고 싶은 말은 이것이 아니다. 외국어에 공포심을 가지고 있는 나 같은 사람에게 알기 쉽게 공부하는 방법이 없을까 하는 고민이었다. 내가 깨닫게 된 것은 언어의 구조를, 쉽게 얘기해서 내가 배우고 싶은 언어의 뼈대를 먼저 파악하라는 것이다. 아마도 3개월이면 아주 복잡한 문법구조를 가진 언어(라틴어, 고전 그리스어, 산스크리트어)가 아니라면 그것은 가능하리라고 생각한다. 그리고 욕심을 줄이면 된다. 사전만 있으면 해석할 수 있다? 이 목표는 너무 크다. 내가 생각하기에 이태리와 영어 또는 한국어 번역을 동시에 놓고서, 주어와 동사를 찾아내고, 어느 단어가 어느 단어를 수식하는지를 파악하고, 더 나아가 이 단어를 이렇게 번역했구나, 여기는 의역을 저기는 직역을 했구나 정도를 파악할 수 있으면 충분히 만족할 만하다고 생각한다. 어학공부에는 시간이 필요하다. 소설책이나 철학책 전체를 일일이 사전 찾아 가며 전부 읽을 수는 없지만 내가 좋아하는 詩를 소리내어 낭독해 볼수 있고, 단어 하나하나의 뜻을 이해하면서 문장의 구조를 문법적으로 분석해서 번역문을 비판해 가면서 스스로 해석할 수 있다면 이것이야말로 외국어 공부의 일차 목표로서 좋다고 생각한다. interlinear라는 방식으로 쓰인 책들이 있다. 헤세의 데미안이었는데 사전을 찾지 않아도 될 수 있게 독일어 단어 하나하나의 뜻이 바로 아래에 적혀 있었다. 일반적인 해석과는 달리 일종의 과도한 직역이라고 보면 되는 데 처음에 외국어 공부하기에는 많은 도움이 될 것 같았다.

다시 이태리어 문법, 명사편을 시작해 보자. 사람들은 엄살이 심하다. 처음에는 외국어 잘 못하고 소질도 없다고 항상 그러지만 보통은 머리는 나쁘지 않은 것 같아서 곧잘 깜짝 놀랄만한 질문을 하곤 한다. 유럽 여자들의 이름이 왜 A라는 특정모음으로 끝나는가 왜 남자 이름은 O로 끝나는가는 좋은 발견이고 거기에서 유럽언어 특히 이태리어를 시작하는 것도 좋은 것 같다. 한국인, 일본인들은 영어를 너무나 열심히 배우다 보니까 모든 언어의 기준이 영어이다. 내가 만약에 학교를 세운다면 가장 처음에 배우는 외국어를 이태리어로 하고 싶다. 여기에는 여러 가지 이유가 있지만 이태리어 동사변화가 나는 가장 효율적이고 완벽하다고 생각한다. 스페인어도 좋다.

　이태리어 단어는 남성과 여성이 있다. 남자, 여자의 자연적 성별이 아니라 문법적인 gender가 단어 마다 있는 것이다. 이태리어에서 libro는 책(book)을 뜻하며 casa는 집(house)을 의미한다. 자, 그렇다면 어느 단어가 남성이고 어느 단어가 여성일까? 아마도 저절로 답이 머리 속에 떠오를 것이다. 안 떠오른다. 그럼 내일 달이 뜰 때 다시 보자. Mario가 남성인가 여성인가? Mario가 남성 이름이라면 libro도 남성명사라고 해야 자연스럽지 않겠는가? 마찬가지로 Maria가 여자 이름이라면 casa도 여성명사일 것이다. 여기서 생각나는 것이 o라는 모음은 긴장감이 있고 발음하려면 입술에 힘이 들어간다. a는 입이 크게 벌어지고 더 편안하게 긴장감 없이 쉽게 발음할 수 있다. 최초의 모음이라고나 할까. 아기가 처음에 하는 말이 mama, 엄마(음마에 가까울 것이다, 처음에는) 이렇게 시작하는데, 만약에 엄마를 쳐다 보며 mimi, momo 라고 하는 아기를 상상하면 얼마나 어색한가? Mimi의 손은 차갑지만 엄마의 손은 따듯하다. 물론 o, a로 끝나지 않는 명사들도 있다. 그 문제는 나중에 생각하기로 하고 가능한 최소한으로 규칙적인 부분부터 배워 보기로 하자. 많은 경우에 남성명사는 O, 여성명사는 A로 끝난다는 것을 기억하자. 이것은 기억이라고 할 것도 없다. 이태리어를 전혀 배우지 않았던 사람도 Maria를 모르는 사람은 없다. 성모 마리아의 Maria, 마리아 칼라스의 Maria, 세상에는 수없이 많은 Maria들이 있다. 영어 이름 Mary는 이태리 이름 마리아의 영어 버전이다. 그래서 미국에서는 Virgin Mary라고 쓰고 동정녀 마리아라고 한다. Mario들도 세상에 많다. Mario Lanza라는 테너가 1950년대에 있었고 Mario Cuomo가 1980년대에 미국 뉴욕 시장이었다. 그리고 수퍼 마리오.

문법적 남성은 '오' 여성은 '아' 그리고 복수형은 남성은 '이' 여성은 '에'가 된다. 나는 사자성어 같이 '오이아에(o i a e)'라고 한다. 또는 오아이에(o a i e)라고 해도 좋다. 그냥 외우면 되지만 한번 따져 보자. **한국어에서 모음 삼각형이라는**

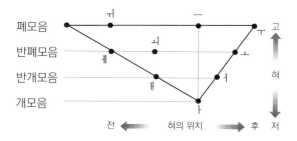

것이 있다. 소리 나는 위치의 상하를 또 전후를 기준으로 나눌 수 있다. 구강공간 뒤쪽에서는 우, 오, 어, 아의 차례로 위에서 아래로 이동하는데 입을 적게 벌리면 위에서 소리가 나고 입을 크게 벌리면 아래에서 소리가 난다. 전설모음은 위에서 아래로 이, 에, 애로 소리가 난다.

유럽언어의 경우는 한국어와 모음의 위치가 조금씩 다르다. 이태리어의 경우 다른 유럽어에 비해 단순한 편이다.

u, o가 입술을 둥글게 해서 소리를 낸다는 것을 기억해야 한다. 소리는 뒤에서 나지만 발성할 때 의식이 앞쪽 입술에 머물게 된다. 갑자기 왜 발성과 소리의 위치를 따지고 드는 것일까?

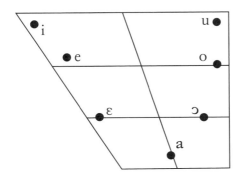

한정된 구강공간에서 모음을 차별화시키면서 가장 효율적으로 의미를 전달하려면 이태리어 방식의 어미

변화가 매우 경제적이라는 것을 알 수 있다. 남성단수가 o로 끝나고 남성 복수가 _i로 끝나면 위치상으로 서로 대비가 잘 되고 단수는 뒤에서, 복수는 앞에서 소리가 난다고 기억할 수 있다.

성과 수	단수	복수
남성	o	i
여성	a	e

명사	단수	복수
m	gatto	gatti
f	gatta	gatte

여성 단수는 a로 여성복수어미 e보다 상대적으로 뒤에서 소리가 나면서 여성명사어미 a_e는 남성명사어미 o_i 보다 아래쪽에 위치한다. 고양이를 예로 들면 남자 고양이 단수는 gatto, 복수는 gatti, 여자고양이 단수는 gatta, 복수는 gatte가 된다. 그런데 이 원칙이 명사뿐만 아니라 형용사에도 그대로 적용이 된다.

음악회 가면, 특히 오페라 끝나고 관객들이 박수갈채 보낼 때 브라보~ 그러잖아요. 그런데 브라보 그러면 이것도 혹시 남자에게만 쓰는 건가요? 앗. 어떻게 알았어요? 여자 가수에게 브라보 그러면 실례지요. 우리는 누가 나와도 브라보인데 경우에 맞게 다르게 쓰는 것이 맞아요. 무엇이 맞는 표현인지 복잡하면 그냥 박수만 치면 되지 않을까 싶어요.

다시 정리를 해 보면 음악회가 끝나고 박수를 보낼 때 테너 혼자 박수를 받을 때는 bravo라고 환호해야 하고 소프라노에게 찬사를 보낼 때는 brava라고 해야 한다. 고양이의 경우와 마찬가지로 남자가수들이 여럿 있을 때는 bravi, 여성 연주자들이 듀엣을 했다면 brave라고 한다. 남성, 여성이 섞여 있는 무대라면 남성복수를 써서 bravi라고 할 수 있다.

형용사	단수	복수
m	bravo	bravi
f	brava	brave

한눈에 반한 마리오와 마리아는 이런 말도 할 수 있겠다는 생각이 들었다.

Maria: Sono bella e sei bello. Noi siamo belli.

영어로는 여자가 예쁘면 pretty 또는 beautiful이라 하고 남자가 잘 생겼으면 (한국어에서도 남자에게 아름답다는 말은 하지 않는다.) handsome하다라고 하지만 이태리어는 여자는 bella, 남자는 bello라고 한다. 즉 같은 단어를 쓰는 것이다. 왜 주어를 쓰지 않는 거지요? 이태리어는 우리말과 비슷하게 주어를 생략할 수 있어요. 왜냐하면 인칭마다 동사어미가 다르니까 굳이 주어를 쓰지 않아도 구별이 되기 때문이지요. 관사는 명사변화가 거의 같지만 약간 다릅니다. 여성명사의 경우 여성단수 정관사 la, 여성복수 정관사 le를 쓰기에 완벽하게 같은 변화를 보여요. 예를 들면 아름다운 한 마리의 여자고양이를 말하기 위해서는 la gatta bella라고 하면 되겠죠. 또는 la bella gatta라고 해도 되구요. 이태리어에서 수식하는 형용사는 명사 뒤에 주로 위치합니다. 그 예쁜 여자고양이들은 le gatte belle가 되겠구요. 음, 그러니까 단수는 a – a – a 패턴이 되고 복수는 e – e – e가 되는 것이네요.

잠깐, 이런 생각이 들어요. 이태리어가 이 규칙을 따른다면 남성단수는 lo gatto bello 남성복수는 li gatti belli가 되네요. 불행하게도 그렇지는 않아요. 대부분의 남성복수는 i gatti belli로 쓰고 남성단수는 il gatto bello로 써요. 아니, 대부분이라는 말은 무슨 소리에요? 예외가 있다는 말? 뭐든지 너무 규칙적이면 재미없잖아요. 남성복수에서 li 대신에 i를 쓰는 것은 규칙을 깨는 것이 아니라서 i – i – i 패턴이 유지되기에 납득이 가지만 남성단수 정관사가 il이라는 것은 규칙을 좋아하는 사람이라면 감정적으로 받아들이기 힘들어요.

나는 이런 생각이 들었다. 외국어를 배울 때 가장 기본적인 미니멈minimum의 문법만 – Minima Grammatica – 을 배우고 곧장 책읽기로 들어가는 것도 좋겠다는 생각이 들었다. 복잡한 예외적인 경우까지 모든 문법을 다 배우고 나서 정작 책은 거의 읽지 않는다면 무슨 소용이 있으랴. 문법을 배우다 지치면 아예 포기하기도 한다.

정관사는 il – i – la – le 의 패턴을 따르지만 예외가 있다. 즉, s+자음(student), z, ps, gn and y 앞에서는 정관사가 lo가 된다. 그러면 남성복수 정관사는 당연히 li 이겠네요. 그렇지는 않아요. 남성복수 정관사는 gli 입니다. 예를 들면 lo studente는 the student(male)이고 gli studenti는 the students에 해당되지요. g는 왜 붙는 거지요? 어차피 발음은 li와 똑같잖아요. 조금 다르죠. li라고 쓰기 싫은 이유가 있을 것이라고 나는 대답했다. 비슷한 것이 많아지면 차별화를 하기 위해서 이런 일이 생긴다. 명사 + 형용사를 더 잘 이해하기 위해 표를 하나 만들어 보았다.

	Singular	Plural
Masculine	nuov-o	nuov-i
Feminine	nuov-a	nuov-e

생각보다 머리에 잘 들어 온다. 라임이 맞으니까.

Il libro nuovo.	– The new book.
I libri nuovi.	– The new books.
La casa nuova.	– The new house.
Le case nuove.	– The new houses.

'**일이라레**'. 1 다음에 2가 오니까 '일이' 이렇게 외우면 되 겠다. 영어의 a/an에 해당하는 부정관사는 uno/una의 짝이 면 이상적이겠으나 **남성은 un, 여성은 una**를 쓴다. uno는 정 관사 lo가 쓰이는 경우의 단어들에만 적용된다. 다시 한번 고 양이들을 등장시켜 보면 un gatto, una gatta 이렇게 말할 수 있겠다. 다른 예를 들어 보면 una ragazza는 a girl이 되고 un ragazzo는 a boy가 된다.

정관사와 부정관사를 합쳐서 표를 만들어 보면,

정관사	단수	복수	부정관사
남성	Il	i	un
여성	La	le	una

직접목적어: 나를mi 너를ti 그를 lo 그녀를 la 우리를ci 너희를 vi

그들을 li 그녀들을 le

그래서 Io ti amo. Ti amo. Tu mi ami. Noi ci amiamo. Loro ti amano.

직설법 현재 동사변화

amare	amo	amiamo	cantare	canto	cantiamo
	ami	amate		canti	cantate
	ama	amano		canta	cantano

이태리어 동사 변화의 모든 것. 영어가 얼마나 문법이 원시적인지 알 수 있다.

외우려고 하지 말고 이 표를 한달 간 매일 보면서 하루에 10분씩 한번 읽어 보면 저절로 외어진다. 잊어버리면 어떻게 하지? 어쩔 수 없죠. 그때그때 다시 찾아 보면 되죠.

	parlare	credere	dormire
직설법 현재	parl-o	cred-o	dorm-o
	parl-i	cred-i	dorm-i
	parl-a	cred-e	dorm-e
	parl-iamo	*cred-iamo*	*dorm-iamo*
	parl-ate	cred-ete	dorm-ite
	parl-ano	cred-ono	dorm-ono
반과거	parl-avo	cred-evo	dorm-ivo
	parl-avi	cred-evi	dorm-ivi
	parl-ava	cred-eva	dorm-iva
	parl-avamo	cred-evamo	dorm-ivamo
	parl-avate	cred-evate	dorm-ivate
	parl-avano	cred-evano	dorm-ivano
원과거	parl-ai	cred-ei	dorm-ii
	parl-asti	cred-esti	dorm-isti
	parl-ò	cred-é	dorm-ì
	parl-ammo	cred-emmo	dorm-immo
	parl-aste	cred-este	dorm-iste

	parlare	credere	dormire
원과거	parl-arono	cred-erono	dorm-irono
미래	parl-erò	cred-erò	dorm-irò
	parl-erai	cred-erai	dorm-irai
	parl-erà	cred-erà	dorm-irà
	parl-eremo	cred-eremo	dorm-iremo
	parl-erete	cred-erete	dorm-irete
	parl-eranno	cred-eranno	dorm-iranno
조건법	parl-erei	cred-erei	dorm-irei
	parl-eresti	cred-eresti	dorm-iresti
	parl-erebbe	cred-erebbe	dorm-irebbe
	parl-eremmo	cred-eremmo	dorm-iremmo
	parl-ereste	cred-ereste	dorm-ireste
	parl-erebbero	cred-erebbero	dorm-irebbero
접속법 현재	parl-i	cred-a	dorm-a
	parl-i	cred-a	dorm-a
	parl-i	cred-a	dorm-a
	parl-iamo	*cred-iamo*	*dorm-iamo*
	parl-iate	*cred-iate*	*dorm-iate*
	parl-ino	cred-ano	dorm-ano

	parlare	credere	dormire
접속법 반과거	parl-assi	cred-essi	dorm-issi
	parl-assi	cred-essi	dorm-issi
	parl-asse	cred-esse	dorm-isse
	parl-assimo	cred-essimo	dorm-issimo
	parl-aste	cred-este	dorm-iste
	parl-assero	cred-essero	dorm-issero
명령법	*	*	*
	parl-a	cred-i	dorm-i
	parl-i	cred-a	dorm-a
	parl-iamo	*cred-iamo*	*dorm-iamo*
	parl-ate	cred-ete	dorm-ite
	parl-ino	cred-ano	dorm-ano

이태리어 어휘 습득법

일단 영어를 조금이라도 아는 사람은 아주 많은 이태리어 단어를 이미 알고 있는 셈이다. 보기만 해도 알 수 있는 거의 동일한 것에서 비슷하지만 상당히 다른 것까지 정리해 보았다.

먼저 명사, 형용사

1) 모음추가: problem이 problema로. 이것이 어렵다고 하면, 정말

분노하고 싶다. 그럴 수도 있어.

parte – part qualità – quality frutta – fruit animale – animal,

oceano _ ocean gruppo – group affare – affair memoria –

memory,

bomba – bomb caso – case nudo – nude poeta – poet

porto – port,

senso – sense speciale – special birra – beer

beer가 "비라"로. 일본어 외국어 표기와 유사하다고 느끼기 시작

할 것이다. 유럽의 일본어가 이태리어다. 이런 말은 하지 말자.

2) 자음탈락 clima – climate avventura – adventure,

    contatto – contact infatti – in fact affetto – affection

    ottuso – obtuse,

    ovvio – obvious penisola – peninsula perfetto – perfect

    piatto –plate,

    pittore – painter rispetto – respect sale – salt sconto –

    discount

3) 자음추가 principe – prince pagina – page ordine – order

    rotondo – round,

sapone – soap semplice – simple soldato – soldier

crudele – cruel

4) 자음 변환 nord – north ricco – rich segreto – secret burro –
butter

5) h 탈락 onore – honor onesto – honesty ombrello –
umbrella

6) za – ce: differenza – difference notizia – notice palazzo –
palace,

polizia – police silenzio – silence

7) zione – tion: produzione – production operazione –
operation,

sione – sion: passione – passion pensione – pension

8) 모음 이동/모음 변환: olio – oil, 올리브 오일이라고 할 때 olio
d'oliva라고 한다.

pace – peace patata – potato popolo – people,

Preparare le patate fritte in casa non è semplice. 감자튀김

프렌치 프라이,

scuola – school capitano – captain

9) 형용사 al ~ co : politico – political, pratico – practical

10) 형용사 ous – oso: famoso – famous

앞으로는 모르는 단어가 나와도 즉시 사전을 찾지 말고 가
만히 생각해 보세요.

잠깐 유럽언어들의 기본 핵심어를 표로 만들어 보았다.

기초 어휘

영어	독일어	italian	포어	spanish	french
and	Und	e	e	y	et
but	Aber	ma	mas	pero	mais
or	Oder	o	ou	o	ou
not	Nicht	non	não	no	ne ¡¦ pas
if	Wenn	se	se	si	si
more	Mehr	più	mais	más	plus
less	Minder	meno	menor	menos	moins

영어	독일어	italian	포어	spanish	french
for	für	per	por/para	por/para	pour
without	Ohne	senza	sem	sin	sans
of	Von	di	de	de	de
with	Mit	con	com	con	avec
because	Den	perché	porque	porque	parce que

노래 하나를 배워 보자. 그 유명한 넬라 환타지아.

Nella fantasia

Nella fantasia io vedo un mondo giusto,

넬라 판타지아 이오 베도 운 몬도 주스또

In the fantasy I see a world just

환상속에서 나는 봅니다 정의로운 세상을

Li tutti vivono in pace e in onestà.

리 뚜띠 비보노 인 빠체 에 인 오네스따

there all live in peace and in honesty

그곳에서 모두는 살아요 평화와 정직 속에서

Io sogno d'anime che sono sempre libere,

이오 소뇨 다니메 께 쏘노 셈프레 리베레

I dream of souls that are always free

나는 꿈꾸어요 영혼을 언제나 자유로운.

Come le nuvole che volano,

꼬메 레 누볼레 께 볼라노

Like the clouds that fly

구름같이 나르는

Pien' d'umanità in fondo all'anima.

삐엔 두마니따 인 폰도 알라니마

Full of humanity in depth of the soul

인류애로 가득찬 영혼의 깊은 곳에서

Nella fantasia io vedo un mondo chiaro,

넬라 판타지아 이오 베도 운 몬도 끼아로

In the fantasy I see a world bright

환상속에서 나는 봅니다 밝은 세상을

Li anche la notte è meno oscura.

리 앙케 라 놋떼 에 메노 오스쿠라

there also the night is less dark

그곳은 밤도 덜 어둡지요.

Io sogno d'anime che sono sempre libere,

이오 소뇨 다니메 께 소노 셈쁘레 리베레

나는 언제나 자유로운 영혼을 꿈꾸어요.

Come le nuvole che volano.

꼬메 레 누볼레 께 볼라노

저 하늘을 나르는 구름같이(의역)

Pien' d'umanità in fondo all'anima.

삐엔 두마니따 인 폰도 알라니마

영혼의 깊은 곳에서 인류애로 가득찬

Nella fantasia esiste un vento caldo,

넬라 판타지아 에시스테 운 벤또 깔도

In the fantasy exist a wind warm

환상속에서 있어요 따듯한 바람이

Che soffia sulle città, come amico.

께 소피아 술레 치따 꼬메 아미꼬

that blows over the cities, like a friend

도시 위로 부는 마치 친구같이

Io sogno d'anime che sono sempre libere,

이오 소뇨 다니메 께 소노 셈쁘레 리베레

나는 언제나 자유로운 영혼을 꿈꾸어요.

Come le nuvole che volano,

꼬메 레 누볼레 께 볼라노

저 하늘을 나르는 구름같이(의역)

Pien' d'umanità in fondo all'anima.

삐엔 두마니따 인 폰도 알라니마

영혼의 깊은 곳에서 人類愛로 가득찬

이탈리아어를 배우는 궁극의 목표는 단테의 신곡을 읽기 위해서다.

단테 알리기에리 *Dante Alighieri*

신곡, *神曲*, *La Divina Commedia*

중세 최후의 작품, 근대 최초의 작품이라고 하죠.

단테와 셰익스피어가 근대를 열었지요.

라틴어가 아닌 속어, 즉 이태리어로 쓰인 작품이면서

지극히 완벽한 형식성을 가진 작품입니다. 이 점은 설명이 필요하구요.

한국에서 신곡이라고 하는데 이 말은 누가 처음에 만들었나요?

좋은 질문. 일본 사람이 처음에 만든 말. 동북아 공통의 단어가 되었죠.

일본이 근대화를 먼저 시작했기에, 우리가 쓰는 말은 상당수가 일본어라고 할 수 있지요.

가령, 사회(社會), 철학(哲學), 이런 말들이 모두 일본 사람이 만들었고, 일본어라고 할 수 있어요. "코메디아"가 DIVINE COMMEDY가 신곡이 되었죠.

음, 그런 깊은 뜻이 있었군요. 이것도 인상적이었어요. 별이 자주 등장하지요.

진리와 사랑의 빛을 추구하는 단테는 지옥, 연옥, 천국 모두 마지막 단어는 별 stelle 라는 것입니다. 너 자신만의 별을 따라 가라. Follow your own star. tu segui tua stella. (inferno 15:55)

사무엘 베케트의 글이 생각나네요. "우리 둘만을 위한 별들."

끊임없이 떠오르는 다른 문학 텍스트들의 별자리들.... 어느 순간 갑자기 모든 생각이 멈추고 마음이 고양되는 순간이 있어요. 그런 체험도 좋은 것 같아요. 가령 어느 조용한 산속의 계곡에 갔는데, 아무 것도 읽을 것이 없지만 그 순간 시나 소설의 한 구절들이 떠오르며 그 의미가 온 몸으로 다가올 때가 있거든요. 일부러 의식적으로 언어들로 머리를 채울 필요도 없고 사실은 아무 생각도 없는 것이 가장 좋다고 느끼지만요. 고전의 텍스트들을 많이 외우고 있으면 텍스트와 어떤 사건이 별자리를 만들 때가 있어요. K O N S T E L L A T I O N

《신곡》을 사랑했던 아르헨티나의 소설가 보르헤스 Borges decia "모든 문학을 통틀어 맨 위에 있는 단 하나의 작품을 말해야 한다면 나는 단테의 신곡을 골라야 할 것 같아요." 신곡을 열심히 읽은 과정을 소개한 이런 책도 있네요.

지도교수의 읽지 말라는 억압에도 신곡을 꾸준히 몰래 읽은 분이 있지요. 이런 일화들이 책을 읽다 보면 미소 짓게 만들죠. "도쿄대 문학부 교수를 역임한 이마미치 도모노부 (今道友信)의 『단테 '신곡' 강의』는 50년에 걸친 『신곡』 사랑의 결과를 보여준다. 그 사랑은 반세기가 넘는 세월 동안 매주 토요일 밤 3시간씩의 만남을 통해 지속됐다고 한다. 아마 단테의 베아트리체에 대한 사랑 못지않게 강렬한 사랑이었던 모양이다."

그는 일본 철학계에서는 상당히 알아주는 인물로 이탈리아, 독일의 석학들과 뛰어난 인적 네트워크를 형성하고 있었다. 이런 사람이 신곡을 몰래 연구해야 했던 이유는, 당시 일본인들에게 신곡은 '시' 이상은 아니었기 때문에 어디까지나 문학자의 영역이었지, 철학자들이 연구할 주제는 아니라고 여겼기 때문이라고 한다. 함부로 신곡에 손을 댔다가는 문학자에게는 아마추어로, 철학자들에게는 허튼 짓을 한다고 배척 받을까봐 몰래 숨어서 연구할 수밖에 없었다고 한다.

'신곡'은 단테가 인류에게 보낸 선물: "나는 자유로운 정신으로 인류 고전의 하나인 단테의 텍스트를 자기 자신의 눈으로 배우라고 권고하지 않을 수 없다. 거기에서 우리는 위대한 선구자가 시대의 억압에 어떻게 대항했는지, 어떻게 자신의 한계에 도전했는 지를 배울 수 있을 것이며, 무엇보다 우리 한 사람 한 사람이 인간으로서 보다 잘 살고 진정한 행복을 얻기 위해 어떻게 생각해야 할 것인지, 어떻게 행동해야 할 것인지를 배울 수도 있을 것이다'

난 그람시가 이 시점에서 생각나요. 이 말 때문에 팬이 되었지요. To tell the truth is revolutionary. 진실을 말한다는 것 자체가 혁명적이다.

하느님에게 이르는 길에 대한 알레고리.

이런 말도 있네요. 《신곡》은 말 그대로 희극, 기쁨의 시이다. 그러니 이제부터 우리는 기쁨에 가득 차서, 또는 최후의 기쁨을 맞이하리라는 희망 속에서 이 시를 읽어가자.

보르헤스에 따르면 《신곡》은 반드시 입으로 소리 내서 읽어야 한다. 그는 《칠일 밤》이라는 강연집에서 다음과 같이 말한다. "여기서 나는 큰소리로 읽어야 한다고 말합니다. 그것은 우리가 정말로 훌륭한 시를 읽을 때면, 큰 소리로 읽어야 하기 때문입니다. 훌륭한 시는 작은 소리나 속으로 읽는 것을 허락하지 않습니다. 만일 우리가 조용히 읽을 수 있다면, 그것은 가치 있는 시가 아닙니다. 시는 항상 큰 소리로 읊을 것을 요구합니다."

낭독으로 들어 보고 싶으면 이태리 배우가 한 것이 있다. 나중에 추가 설명.

Roberto Benigni는 신곡을 전부 다 외워서 낭송 칸서트를 가졌다. 들어 보세요.

영적 성장을 추구하는 단테

자 이제 단테의 신곡 첫줄을 읽어 보자.

1. Nel mezzo del cammin di nostra vita

   넬 메쪼 델 카민 디 노스트라 비타

   우리 인생길의 한중간에서

2. mi ritrovai per una selva oscura,

　　미 리트로바이 페르 우나 셀바 오스쿠라

　　나는 어두운 숲 속에서 헤매고 있었다.

3. che la diritta via era smarrita.

　　께 라 디릿따 비아 에라 스마리따

　　나는 올바른 길을 잃어버렸기에

　14세기의 이태리어지만 지금의 이태리어와 큰 차이가 없
다. 왜냐하면 단테가 근대 이태리어를 확립했기 때문에

Nel mezzo del cammin di nostra vita (A)

mi ritrovai per una selva oscura, (B)

ché la diritta via era smarrita. (A)

Ahi quanto a dir qual era è cosa dura (B)

esta selva selvaggia e aspra e forte (C)

che nel pensier rinova la paura! (B)

Tant' è amara che poco è più morte (C)

ma per trattar del ben ch'i' vi trovai, (D)

dirò de l'altre cose ch'i' v'ho scorte. (C) ...

인생이 살아 칠십, 그 절반 나이에

바른 길을 잃고 헤매이던 이 몸은

컴컴한 숲속에 서있노라

아, 무성하게 자라고 거칠대로 거친

여기 숲속의 모습을 그리기란 쉬운 일이 아닐터.

이는 생각만 하여도 몸서리치는 일.

허나 죽음보다 못지 않은 괴로운 일이어도

이야기해야 하리라. 내 여기서 얻은 행복과

내가 본 모든 것을 낱낱이 보여주기 위해.

먼저 주목해야 할 것은 신곡의 형식미이다. 무한히 순환반복하는 각운의 흐름이다. vita의 ita, smarrita의 ita로 각운이 일치한다. oscura의 ura가 다음 연에서 dura, paura의 ura로 연결된다. 이렇게 처음부터 끝까지 하나의 예외없이 나아간다. 이건 미친 짓 아니에요? 그렇죠. 형식에만 신경을 쓴 것이 아니라 그 안의 내용도 형식 때문에 희생을 한 것은 아니다. 모음으로 대부분의 단어들이 끝나는 이태리어의 특성을 잘 활용하고 있다.

신곡의 각운구성은 3운 구법 terza rima ― aba, bcb, cdc ded ― 로 되어 있기 때문에 이 시를 운문으로 번역하는 것은 잔인할 정도로 어렵다. 〈〈신곡〉〉을 영어로 된 3운 구법으로 다시 만들기 위해 계산을 해보면, 세 음절을 포함하는 각운이 대략 4천 5백 개 필요하다. 거의 모든 단어가 모음으로 끝나는 이탈리아어로는 이 정도의 음절을 생각해 낼 수 있다. 이것은 영어로 불가능하다. 신곡의 번역은 어떤 언어로도 거의 불가능하다. 독일어로 한 번역은 이 형식을 지켰다. 이태리어를 배우지 않고 신곡을 이해할 수는 없다.

이탈리아 영화감독 파솔리니는 단테의 영향을 받아 Divine Mimesis라는 작품을 남긴다.

상황설정이 신곡과 똑같다. **대략 40대 경에 나는 내 인생의 아주 어두운 순간에 있다는 것을 깨달았다.** Around my forties, I realized I was in a very dark moment in my life. **사실은 그 어두움 속에서조차 엄청나게 빛나는 그 무언**

가가 있었다. in that darkness, to tell the truth, there was something terribly luminous: **어둠이 곧 빛이었다.** Darkness equals light.

유럽 로망스어의 동사변화 정리를 보면 배움의 열기가 타오르거나 아니면 배우고자 하는 의욕 자체가 사라질 수도 있다. 일단은 정리를 해 보았다.

– are 어미로 끝나는 동사

	Latin	Spanish	Portuguese	Italian	French
직설법	amāre	amar	amar	amare	aimer
Present 현재	amō	amo	amo	amo	aime
	amās	amas	amas	ami	aimes
	amat	ama	ama	ama	aime
	amāmus	amamos	amamos	amiamo	aimons
	amātis	amáis	amais	amate	aimez
	amant	aman	amam	amano	aiment
Preterite 원과거	amāvī	amé	amei	amai	aimai
	amāvistī	amaste	amaste	amasti	aimas
	amāvit	amó	amou	amò	aima
	amāvimus	amamos	amámos	amammo	aimâmes
Preterite 원과거	amāvistis	amasteis	amastes	amaste	aimâtes
	amāvērunt	amaron	amaram	amarono	aimèrent
Imperfect 반과거	amābam	amaba	amava	amavo	aimais
	amābās	amabas	amavas	amavi	aimais
	amābat	amaba	amava	amava	aimait

	Latin	Spanish	Portuguese	Italian	French
Imperfect 반과거	amābāmus	amábamos	amávamos	amavamo	aimions
	amābātis	amabais	amáveis	amavate	aimiez
	amābant	amaban	amavam	amavano	aimaient
Future 미래	amābō	amaré	amarei	amerò	aimerai
	amābis	amarás	amarás	amerai	aimeras
	amābit	amará	amará	amerà	aimera
	amābimus	amaremos	amaremos	ameremo	aimerons
	amābitis	amaréis	amareis	amerete	aimerez
	amābunt	amarán	amarão	ameranno	aimeront
Conditional 조건법		amaría	amaria	amerei	aimerais
		amarías	amarias	ameresti	aimerais
		amaría	amaria	amerebbe	aimerait
		amaríamos	amariamos	ameremmo	aimerions
		amaríais	amarieis	amereste	aimeriez
		amarían	amariam	amerebbero	aimeraient
접속법 현재	amem	ame	ame	ami	aime
	amēs	ames	ames	ami	aimes
	amet	ame	ame	ami	aime
	amēmus	amemos	amemos	amiamo	aimions
	amētis	améis	ameis	amiate	aimiez
	ament	amen	amem	amino	aiment
접속법 반과거	amāvissem	amase	amasse	amassi	aimasse
	amāvissēs	amases	amasses	amassi	aimasses
	amāvisset	amase	amasse	amasse	aimât
	amāvissēmus	amásemos	amás-semos	amassimo	aimassions
	amāvissētis	amáseis	amásseis	amaste	aimassiez
	amāvissent	amasen	amassem	amassero	aimassent

- ere 어미로 끝나는 동사

	Latin	Spanish	Portuguese	Italian	French
직설법	Monēre	comer	comer	credere	vendre
Present 현재	Moneō	como	como	credo	vends
	Monēs	comes	comes	credi	vends
	Monet	come	come	crede	vend
	Monēmus	comemos	comemos	crediamo	vendons
	Monētis	coméis	coméis	credete	vendez
	Moment	comen	comen	credono	vendent
Preterite 원과거	Monuī	comí	comi	credei	vendis
	Monuistī	comiste	comeste	credesti	vendis
	Monuit	comió	comeu	credé	vendit
	Monuimus	comimos	comemos	credemmo	vendîmes
	Monuistis	comisteis	comestes	credeste	vendîtes
	Monuērunt	comieron	comeram	crederono	vendirent
Imperfect 반과거	Monēbam	comía	comia	credevo	vendais
	Monēbās	comías	comias	credevi	vendais
	Monēbat	comía	comia	credeva	vendait
	Monēbāmus	comíamos	comíamos	credevamo	vendions
	Monēbātis	comíais	comíeis	credevate	vendiez
	Monēbant	comían	comiam	credevano	vendaient
Future 미래	Monēbō	comeré	comerei	crederò	vendrai
	Monēbis	comerás	comerás	crederai	vendras
	Monēbit	comerá	comerá	crederà	vendra
	Monēbimus	comere-mos	comeremos	crederemo	vendrons
	Monēbitis	comeréis	comereis	crederete	vendrez
	Monēbunt	comerán	comerão	crederanno	vendront
Conditional 조건법		comería	comeria	crederei	vendrais
		comerías	comerias	crederesti	vendrais
		comería	comeria	crederebbe	vendrait

	Latin	Spanish	Portuguese	Italian	French
Conditional 조건법		comeríamos	comeríamos	crederemmo	vendrions
		comeríais	comeríeis	credereste	vendriez
		comerían	comeriam	crederebbero	vendraient
접속법 현재	Moneam	coma	coma	creda	vende
	Moneās	comas	comas	creda	vendes
	Moneat	coma	coma	creda	vende
	Moneāmus	comamos	comamos	crediamo	vendions
	Moneātis	comáis	comais	crediate	vendiez
	Moneant	coman	comam	credano	vendent
접속법 반과거	Monuissem	comiese	comesse	credessi	vende
	Monuissēs	comieses	comesses	credessi	vendes
	Monuisset	comiese	comesse	credesse	vende
	Monuissēmus	comiésemos	comêssemos	credessimo	vendions
	Monuissētis	comieseis	comêsseis	credeste	vendiez
	Monuissent	comiesen	comessem	credessero	vendent

– ire 어미로 끝나는 동사

	Latin	Spanish	Portuguese	Italian	French
직설법	audīre	vivir	partir	vivire	finir
Present 현재	audiō	vivo	parto	vivo	finis
	audīs	vives	partes	vivi	finis
	audit	vive	parte	vive	finit
	audīmus	vivimos	partimos	viviamo	finissons
	audītis	vivís	partis	vivite	finissez
	audiunt	viven	partem	vivono	finissent
Preterite 원과거	audīvī	viví	parti	vivii	finis
	audīvistī	viviste	partiste	vivisti	finis
	audīvit	vivió	partiu	viví	finit

	Latin	Spanish	Portuguese	Italian	French
Preterite 원과거	audīvimus	vivimos	partimos	vivimmo	finîmes
	audīvistis	vivisteis	partistes	viviste	finîtes
	audīvērunt	vivieron	partiram	vivirono	finirent
Imperfect 반과거	audiēbam	vivía	partia	vivivo	finissais
	audiēbās	vivías	partias	vivivi	finissais
	audiēbat	vivía	partia	viviva	finissait
	audiēbāmus	vivíamos	partíamos	vivivamo	finissions
	audiēbātis	viviáis	partíeis	vivivate	finissiez
	audiēbant	vivían	partiam	vivivano	finissaient
Future 미래	audiam	viviré	partirei	vivirò	finirai
	audiēs	vivirás	partirás	vivirai	finiras
Future 미래	audiet	vivirá	partirá	vivirà	finira
	audiēmus	viviremos	partiremos	viviremo	finirons
	audiētis	viviréis	partireis	vivirete	finirez
	audient	vivirán	partirão	viviranno	finiront
Conditional 조건법		viviría	partiria	vivirei	finirais
		vivirías	partirias	viviresti	finirais
		viviría	partiria	vivirebbe	finirait
		viviríamos	partiríamos	viviremmo	finirions
		viviríais	partiríeis	vivireste	finiriez
		vivirían	partiriam	vivirebbero	finiraient
접속법 현재	audiam	viva	parta	viva	finisse
	audiās	vivas	partas	viva	finisses
	audiat	viva	parta	viva	finisse
	audiāmus	vivamos	partamos	viviamo	finissions
	audiātis	viváis	partais	viviate	finissiez
	audiant	vivan	partam	vivano	finissent
접속법 반과거	audīvissem	viviese	partisse	vivissi	finisse
	audīvissēs	vivieses	partisses	vivissi	finisses
	audīvisset	viviese	partisse	vivisse	finît

	Latin	Spanish	Portuguese	Italian	French
접속법 반과거	audīvissēmus	viviésemos	partís-semos	vivissimo	finissions
	audīvissētis	vivieseis	partísseis	viviste	finissiez
	audīvissent	viviesen	partissem	vivissero	finissent

동사 essere 변화표

	Latin	Spanish	Portuguese	Italian	French
직설법	esse	ser	ser	essere	être
Present 현재	sum	soy	sou	sono	je suis
	es	eres	és	sei	tu es
	est	es	é	è	il est
	sumus	somos	somos	siamo	nous sommes
	estis	sois	sois	siete	vous êtes
	sunt	son	são	sono	ils sont
Preterite 원과거	fuī	fui	fui	fui	je fus
	fuistī	fuiste	foste	fosti	tu fus
	fuit	fue	foi	fu	il fut
	fuimus	fuimos	fomos	fummo	nous fûmes
	fuistis	fuisteis	fostes	foste	vous fûtes
	fuērunt	fueron	foram	furono	ils furent
Imperfect 반과거	eram	era	era	ero	j'étais
	erās	eras	eras	eri	tu étais
	erat	era	era	era	il était
	erāmus	éramos	éramos	eravamo	nous étions
	erātis	erais	éreis	eravate	vous étiez
	erant	eran	eram	erano	ils étaient
Future 미래	erō	seré	serei	sarò	je serai
	eris	serás	serás	sarai	tu seras
	erit	será	será	sarà	il sera
	erimus	seremos	seremos	saremo	nous serons

	Latin	Spanish	Portuguese	Italian	French
Future 미래	eritis	seréis	sereis	sarete	vous serez
	erunt	serán	serão	saranno	ils seront
Conditional 조건법		sería	seria	sarei	je serais
		serías	serias	saresti	tu serais
		sería	seria	sarebbe	il serait
		seríamos	seríamos	saremmo	nous serions
		seríais	seríeis	sareste	vous seriez
		serían	seriam	sarebbero	ils seraient
접속법 현재	sim	sea	seja	sia	que je sois
	sīs	seas	sejas	sia	que tu sois
	sit	sea	seja	sia	qu'il soit
	sīmus	seamos	sejamos	siamo	nous soyons
	sītis	seáis	sejais	siate	vous soyez
	sint	sean	sejam	siano	qu'ils soient
접속법 반과거	fuissem	fuese	fosse	fossi	que je fusse
	fuissēs	fueses	fosses	fossi	que tu fusses
	fuisset	fuese	fosse	fosse	qu'il fût
	fuissēmus	fuésemos	fôssemos	fossimo	nous fussions
	fuissētis	fueseis	fôsseis	foste	vous fussiez
	fuissent	fuesen	fossem	fossero	qu'ils fussent

동사 avere 변화표

	Latin	Spanish	Portuguese	Italian	French
직설법	habere	haber	haver	avere	avoir
Present 현재	habeo	he	hei	ho	j'ai
	habes	has	hás	hai	tu as
	habet	ha,hay	há	ha	il a
	habemus	hemos	hemos	abbiamo	nous avons
	habetis	habéis	heis	avete	vous avez
	habent	han	hão	hanno	ils ont

	Latin	Spanish	Portuguese	Italian	French
Preterite 원과거	habui	hube	houve	ebbi	j'eus
	habuisti	hubiste	houveste	avesti	tu eus
	habuit	hubo	houve	ebbe	il eut
	habuimus	hubimos	houvemos	avemmo	nous eûmes
	habuistis	hubisteis	houvestes	aveste	vous eûtes
	habuerunt	hubieron	houveram	ebbero	ils eurent
Imperfect 반과거	habebam	había	havia	avevo	j'avais
	habebas	habías	havias	avevi	tu avais
	habebat	había	havia	aveva	il avait
	habebamus	habíamos	havíamos	avevamo	nous avions
	habebatis	habíais	havíeis	avevate	vous aviez
	habebant	habían	haviam	avevano	ils avaient
Future 미래	habebo	habré	haverei	avrò	j'aurai
	habebis	habrás	haverás	avrai	tu auras
	habebit	habrá	haverá	avrà	il aura
	habebimus	habremos	haveremos	avremo	nous aurons
	habebitis	habréis	havereis	avrete	vous aurez
	habebunt	habrán	haverão	avranno	ils auront
Conditional 조건법		habría	haveria	avrei	j'aurais
		habrías	haverias	avresti	tu aurais
		habría	haveria	avrebbe	il aurait
		habríamos	haveríamos	avremmo	nous aurions
		habríais	haveríeis	avreste	vous auriez
		habrían	haveriam	avrebbero	ils auraient
접속법 **현재**	habeam	haya	haja	abbia	que j'aie
	habeas	hayas	hajas	abbia	que tu aies
	habeat	haya	haja	abbia	qu'il ait
	habeamus	hayamos	hajamos	abbiamo	que nous ayons
	habeatis	hayáis	hajais	abbiate	que vous ayez
	habeant	hayan	hajam	abbiano	qu'ils aient

	Latin	Spanish	Portuguese	Italian	French
접속법 반과거	habuissem	hubiese	houvesse	avessi	que j'eusse
	habuisses	hubieses	houvesses	avessi	que tu eusses
	habuisset	hubiese	houvesse	avesse	qu'il eût
	habuis-semus	hubiésemos	houvés-semos	avessimo	nous eus-sions
	habuissetis	hubieseis	houvésseis	aveste	vous eu-ssiez
	habuissent	hubiesen	houvessem	avessero	qu'ils eus-sent

이탈리아어의 선조 라틴어는 동사변화가 그리스어, 팔리어와 또 유사하다.

	LATIN	ENGLISH
1st 단수	video	I see
2nd	vides	you see
3rd	videt	he/she/it sees
1st 복수	videmus	we see
2nd	videtis	you see
3rd	vident	they see

동사 어미변화 엔딩을 어떻게 외울까? 일단 표를 만든다.

m, o	I	mus	we
S	you	tis	you
T	he/she	nt	they

10분째 들여다 보니까 규칙이 보인다. 즉 most must isn't 대부분, 해야만 한다, 아니다. 또는 모스트 무스 티스 은트. 1인칭은 m을 중심으로, 2인칭은 s를 중심으로, 3인칭은 t를 중심으로 움직인다. s에는 t가 추가되고 t앞에는 n이 들어간다. 생각해 보면 st의 조합으로 strike stand steel, nt의 조합은 servant, mantra, intra, dominant 등이 있다.

명사는 5격, 단복수 변화: 제 1변화 여성명사 rosa 장미

	단수	복수
NOM. 주격	rosa	rosae
GEN. 속격	rosae	rosarum
DAT. 여격	rosae	rosis
ACC. 대격	rosam	rosas
ABL. 탈격	rosa	rosis

단수 2격과 복수 1격이 일치한다. 아 아이 아이 암 아 / 아이 아룸 이스 아스 이스

이탈리아 기호학자 움베르토 에코가 쓴 소설 〈장미의 이름〉 마지막에 나오는 문장은 다음과 같다. "태초의 장미는 이름으로 존재한다. 그러나 그것 은 헛된 이름뿐(stat rosa pristina nomine, nomina nuda tenemus)." 직역하면 좀 느낌이 다르다. The ancient Rose remains by its name, naked names (are all that) we have. 고대(古代)의 장미는 이름으로 존재한다; 헛된 이름만을 우리는 가지고 있지만. Roma를 발음이 비슷한 Rosa로 바꾸어 에코가 장난친 것이라는 말도 있다.

제 2변화 남성명사 dominus 주(主)

Case	Singular	Plural
Nominative	dominus	domini
Genitive	domini	dominorum
Dative	domino	dominis
Accusative	dominum	dominos
Ablative	domino	dominis
Vocative	domine	domini

헬라어에서 말이 logos, 남성명사 os가 라틴어에서는 us로 전환, 원래는 o가 기본음. domino, dominos로 변화한다.

라틴어는 스피노자의 에티카를 읽어 보려고 시작했었다. 베르길리우스의 아이네이스의 묘미. 서양문명의 고전. 첫 문장이 유명하다. 이것도 나중에 시간이 되면 다루기로 하자.

Arma무기 virum남자que와 cano노래하다, Troiae qui primus

처음 ab oris해안 Italiam, fato운명 profugus추방, Laviniaque venit왔다 litora해안 -- Verg. A. 1.1-3.

I sing of arms and a man, who first came from the shores of Troy to Italy exiled by fate, he came to the lavinian shores

Facebook의 정신적 기원: 아이네이스, 필립스 엑시터 아카데미(Phillips Exeter Academy)에서 마크 저커버그의 라틴어 수업. 페이스 북의 설립자인 Mark Zuckerberg가 버질의 "아이네이드"(Aeneid)에서 열정적으로 인용을 했다. 그는 뉴요커와의 긴 인터뷰에서, 최근에는 와이어드(Wired) 잡지에서 직접 라틴어로 인용했는데 사람들에게 가장 유명한 구절이다: "Forsan 아마도 et haec이것조차 olim어느날 meminisse기억하다 iuvabit기쁘다. Perhaps some day remembering even this will be a pleasure.

"A joy it will be one day, perhaps, to remember even this" (trans. Robert Fagles)." Those are Aeneas's consoling words to his battered, shipwrecked comrades. In the poem, various gods assure the Trojan hero that he will found "imperium sine fine an empire without bound," i.e. Rome, which is more or less what Zuckerberg has done in the 21st century. Facebook has more than 500 million active users. imperium sine fine dedi : I have given them empire without end.

어순의 자유로움에 일단 놀라게 된다. 사실은 한국어 어순과 아주 유사하다. 사과 배que et 토마토를 저녁에 먹었다 오늘 갑자기. 해설을 보면 이 변화들이 무엇인지 대략 대충 이해할 수 있을 것이라고 희망한다. 언젠가 미래의 어느날 아마도 이 표를 무슨 말인지는 몰라도 한번 보았다는 것이 기쁨이 될지도 모른다. 라틴어 동사변화표. amare동사변화의 모든 것을 읽다 보면 사랑에 취할 것 같다.

	Active		Passive	
	Indicative	Subjunctive	Indicative	Subjunctive
	Present			
Singular 1	Amo	Amem	Amor	Amer
2	Amas	Ames	Amaris	Ameris
3	Amat	Amet	Amatur	Ametur
Plural 1	Amamus	Amemus	Amamur	Amemur
2	Amatis	Ametis	Amamini	Amemini
3	Amant	Ament	Amantur	Amentur
	Imperfect			
Singular 1	Amabam	Amarem	Amabar	Amarer
2	Amabas	Amares	Amabaris	Amareris

3	Amabat	Amaret	Amabatur	Amaretur
Plural 1	Amabamus	Amaremus	Amabamur	Amaremur
2	Amabatis	Amaretis	Amabamini	Amaremini
3	Amabant	Amarent	Amabantur	Amarentur
	Future			
Singular 1	Amabo		Amabor	
2	Amabis		Amaberis	
3	Amabit		Amabitur	
Plural 1	Amabimus		Amabimur	
2	Amabitis		Amabimini	
3	Amabunt		Amabuntur	
	Perfect			
Singular 1	Amavi	Amaverim	Amatus Sum	Amatus Sim
2	Amavisti	Amaveris	Amatus Es	Amatus Sis
3	Amavit	Amaverit	Amatus Est	Amatus Sit
Plural 1	Amavimus	Amaverimus	Amati Sumus	Amati Simus
2	Amavistis	Amaveritis	Amati Estis	Amati Sitis
3	Amaverunt	Amaverint	Amati Sunt	Amati Sint
	Pluperfect			
Singular 1	Amaveram	Amavissem	Amatus Eram	Amatus Essem
2	Amaveras	Amavisses	Amatus Eras	Amatus Esses
3	Amaverat	Amavisset	Amatus Erat	Amatus Esset
Plural 1	Amavera-mus	Amavis-semus	Amati Eramus	Amati Essemus
2	Amaveratis	Amavissetis	Amati Eratis	Amati Essetis
3	Amaverant	Amavissent	Amati Erant	Amati Essent
	Future Perfect			
Singular 1	Amavero		Amatus Ero	
2	Amaveris		Amatus Eris	
3	Amaverit		Amatus Erit	
Plural 1	Amaverimus		Amati Erimus	
2	Amaveritis		Amati Eritis	
3	Amaverint		Amati Erunt	

라틴어 텍스트의 번역에 대해 고민해 보자. 영국과 미국에서의 전통적 교육법은 주어와 동사를 먼저 찾아라. 오늘 소개하는 이 방법은 일종의 라틴어 직독직해를 의미한다. 잘 보면 라틴어 어순과 한국어 어순이 비슷하다. 주어 목적어 동사의 순서로 나올 때가 많으니까.

Tarquinium moribundum cum qui circa erant excepissent, illos fugien-tes lictores comprehendunt. (리비우스 1.41.1)
타르쿠이니스(를) 죽어가는/ 그 때/ 사람들(이) 근처에 있었던/ 도왔다// 그들(을) 달아나는 / 경호원들(이) / 모두 체포하다.

티베트어는 원래 관계대명사가 없었는데 산스크리트어 불경을 변역하면서 관계대명사를 만들었다고 한다. 나는 그녀의 아버지가 나의 원수였던 그 소녀를 좋아한다. 나는 좋아한다 그 소녀를 whose 아버지는 나의 원수였다. 난 그 소녀를 좋아해. 그 아이의 아빠는 나의 원수였어. I hated him and love her.

라틴어 문법은 복잡하지만 질서정연하다. 아주 어려운 것을 배워 보는 것은 인생에서 큰 가치가 있다. 정말 실용적인 것은 실용적으로 보이지 않는다. ·

문법정리표의 끝.

아쉽다. 그래서 페소아의 시를 번역해 보았다.

알베르투 카에이로(Alberto Caeiro), 리카르두 레이스(Ricardo Reis), 알바루 데 캄푸스(Albaro de Campos)

페소아는 이명들 각각에 전기(biography)를 부여했다. 그가 최초로 사용한 이명 '알베르투 카에이로'는 1889년 4월16일 리스본에서 태어났다. 일찍 아버지를 잃고 홀어머니 밑에서 초등학교 4학년까지만 교육을 받은 뒤, 히바테주라 불리는 시골에서 목동으로 지내며 〈양치는 사람들〉〈사랑에 빠진 목동〉 등의 전원시를 쓴다. 1915년 고향 리스본으로 돌아오나, 채 몇달도 지나지 않아 폐결핵에 걸려 26살의 젊은 나이로 사망한다. 이 교육받지 않은 천재의 작품들은 사후에 〈알베르투 카에이로 시 전집〉으로 발간된다.

사라마구 소설의 주인공이 된 '리카르두 레이스'는 1887년 9월15일 포르투 출생으로, 제수이트 교단의 학교에서 집중적인 고전 교육을 받은 뒤 의과대학에 진학한다. 이 의사 시인은 호라티우스를 연상시키는 문체로 시를 썼으며, 비평에도 손을 대어 자기가 흠모하는 목동 시인 알베르투 카에이로에 관한 글을 남기기도 했다. 왕당파였던 그는 포르투갈의 왕정이 무너지자 1919년 브라질로 거처를 옮긴다. 사망연도는 확실하지 않으나, 사라마구는 그의 사망연도를 페소아가 죽은 다음 해인 1936년으로 설정했다.

알바루 데 캄푸스는 1890년 10월15일 타비라에서 출생했다. 고등학교를 졸업한 뒤 스코틀랜드로 건너가 조선공학을 공부한 뒤, 항해술로 전공을 바꾸어 글래스고에서 항해사로 생활한다. 삶의 무의미함에 지루함을 느낀 이 퇴폐주의자는 모험을 좇아 극동지방으로 여행을 떠난다. 여행에서 돌아온 그는 완전히 다른 사람이 되어, 산업화와 과학기술의 힘을 찬양하는 미래주의적 경향의 시를 쓴다. 특히 기계와 석탄과 강철에 대한 그의 집착에는 에로틱한 측면이 있다. 1922년 이후 영국으로 이주. 사망연도는 알려져 있지 않다.

알베르투 카에이로(Alberto Caeiro)

O GUARDADOR DE REBANHOS *from The Keeper of Sheep*

II

O meu olhar/ é nítido como um girassol.

My gaze is clear like a sunflower

나는 해바라기 같이 명징(明澄)하게 본다.

Tenho o costume/ de andar pelas estradas

I have the custom to walk the roads

나는 길을 걸을 때 이런 습관이 있다.

Olhando/ para a direita e para a esquerda,

Looking to the right and to the left

오른 쪽을 봤다가 왼쪽을 봤다가

E de, vez em quando/ olhando para trás...

And, occasionally looking back

그리고 때때로 뒤를 보기도 한다.

E o que vejo/ a cada momento

And what I see at each moment

그리고 매 순간 나는 본다.

É aquilo/ que nunca antes/ eu tinha visto,

is that which never before I had seen

예전에는 절대 내가 보지 못했던 것들을.

E eu sei dar por isso muito bem...

and I know noticing things very well

내 시선은 내 주위의 것들을 잘 낚아챈다.

Sei ter/ o pasmo essencial/

I know having the essential awe

Que tem/ uma criança/ se, ao nascer,/

Reparasse/ que nascera deveras...

that a child would have if it could see that

it was really being born when it was being born ...

아기는 태어나면서 "정말 내가 태어나는구나"

그 느낌을 알았을까? 만약 알아챘다면 가졌을 법한

아기의 그 근본적인 경외감(敬畏感)을

내가 가지고 있다는 것을 난 안다.

Sinto-me nascido/ a cada momento

I feel myself being born in each moment

Para a eterna novidade/ do Mundo...

In the eternal newness of the world

이 세상의 영원한 새로움 안에서

나는 매 순간 내가 태어나는 것을 느낀다.

Creio no mundo/ como num malmequer,

I believe in the world like I believe in a marigold(daisy),

나는 데이지 꽃을 믿듯이 이 세상 모든 것을 믿는다,

Porque o vejo. Mas não penso nele

Because I see it. But I do not think of it

그저 보기 때문에 믿는다. 나는 생각하지 않는다.

Porque pensar/ é não compreender...

Because thinking is not understanding...

생각한다는 것, 진정으로 이해하는 것이 아니니까.

O Mundo não se fez/ para pensarmos nele

(Pensar/ é estar doente dos olhos)

The world wasn't made for us to think about it

(To think is to be sick in the eyes)

이 세상은 우리 인간이 생각하라고 만들어진 것이 아니다.

(생각은 우리 눈을 병들게 한다.)

Mas para olharmos para ele/ e estarmos de acordo…

But for us to look at it and to be in agreement

우리가 세상을 바라 보고 마음이 하나가 된다면 그뿐인 것을.

Eu não tenho filosofia: tenho sentidos...

I have no philosophy, I have senses . .

나에게는 철학이란 없다, 나는 그저 느낄뿐이다.

Se falo na Natureza/ não é porque saiba o que ela é,

If I speak of Nature, it's not because I would know what it is

내가 자연에 대해 이야기한다면, 자연을 알아서가 아니라,

Mas porque a amo, e amo-a por isso,

But because I love it, and love it for that very reason,

내가 자연을 사랑하기에 이야기한다. 사랑하니까 나는 자연을 사랑한다.

Porque quem ama nunca sabe o que ama

Because he who loves never know what he loves

사랑에 빠진 사람은 그가 무엇을 사랑하고 있는 지 결코 알 수가 없다.

Nem sabe porque ama, nem o que é amar...

He doesn't know why he loves, nor what loving is.

왜 사랑하고 있을까, 사랑이란 무엇일까, 그는 알 수가 없다.

Amar é a eterna inocência,

To love is the eternal innocence,

사랑을 한다는 것, 영원한 순수이며,

E a única inocência é não pensar...

And the only innocence is not to think...

이 세상에서 유일한 순수는 생각하지 않는것이다.

무지를 벗어나기 위해 우리는 배워야 한다고 들었다. 그러나, 새로운 것을 배워서, 아주 많은 것을 동시에 배움으로써 완벽한 무지에 이를 수도 있다.

"무지의 상태에 도달하기 위해 라틴어를 배우는 건가요?"

"그렇죠. 하지만 이 말을 공부를 처음 시작하는 사람에게 해서는 안됩니다. 누가 배우겠어요? Udeis."

"이건 또 무슨 말?"

"Nobody. 아무도 아니다. 아무 것도 아닌 사람."

"라틴어를 배우면 아주 유식해질 수 있다고, 서양문명의 기원을 이해하기 위해서라고 설득

을 해야만 하죠. 나중에 우리가 거짓말했다는 것을 알지라도 용서해 줄 것입니다. 라틴어의 신은 이렇게 말했죠. 나의 생명을 연장해 주시오. 농담입니다."

"하지만 저는 치열하게 배우고 치열하게 살아 보겠습니다. Carpe diem."

"마지막으로 하고 싶은 말은?"

"궁극적인 믿음은 허구에 대한 믿음이어야 한다 The final belief is to believe in a fiction. 월리스 스티브스의 시의 한 구절입니다."

"Simon Critchley가 쓴 The Faith of the Faithless: Experiments in Political Theology라는 책의 끝부분을 인용해 보겠습니다. 내 생각에는 정치와 법률과 종교의 영역에

는 허구만이 있을 뿐이다. 하지만 나는 이것을 약함을 보여주는 것은 아니라고 생각한다. 오히려 강함의 가능성을 보여주는 증거가 될 수가 있다. 내가 강조하고 싶은 것은 픽션과 사실과의 간극이 아니라 "픽션"과 "최고의 픽션" 사이의 차이이다. (not between fiction and fact, but between fiction and supreme fiction.) 역설적으로 최고의 픽션은 우리가 그것이 허구라는 것을 아는 그러한 픽션이다. 그저 그 뿐이지만 우리는 그럼에도 불구하고 그것을 믿는다. 최후의 믿음은 우리가 허구라는 것을 아는 그 허구를 믿는 것이다. 그저 그것뿐이다. Paradoxically, a supreme fiction is a fiction that we know to be a fiction— there being nothing else—but in which we nevertheless believe. The final belief is to believe in a fiction, which you know to be a fiction, there being nothing else."

"Amen ἀμήν. 왜 이제서야 이 말을 들었을까?"